Klaus W. Vopel

Die 10-Minuten-Pause

Minitrancen gegen Streß

iskopress

Die Deutsche Bibliothek – CIP-Einheitsaufnahme

Vopel, Klaus W.:
Die 10-Minuten-Pause : Mini-Trancen gegen Streß /
Klaus W. Vopel.–1. Aufl.– Salzhausen: iskopress, 1992
ISBN 3-89403-093-3
NE:Vopel, Klaus W.:Die Zehn-Minuten-Pause

1. Auflage 1992

Copyright 1992 bei **iskopress**

Umschlag: Mathias Hütter, Schwäbisch Gmünd
Satz und Layout: E. Velina
Druck: Runge, Cloppenburg

Inhalt

VORWORT 7

KAPITEL 1: LOCKER LASSEN

  1 Knoten lösen 24
  2 Das Zentrum finden 27
  3 Ein Bad für die Seele 29
  4 Wie eine Katze 32
  5 Der fliegende Teppich 34
  6 Am Strand 37
  7 Ruhe finden 40
  8 Himmel und Erde 43

KAPITEL 2: ZAUBERATEM

  9 Licht atmen 50
10 Synchron atmen 53
11 Mit den Augen atmen 55
12 Tiefer und tiefer 56
13 Atembild 57
14 Harlekin 59
15 Luftschiff 61
16 Kerzen 63
17 Was wir brauchen 65

KAPITEL 3: BEWEGUNGSPHANTASIEN

18 Wie fließendes Wasser 68
19 Tanzende Federn 71
20 Lächeln 73
21 Lebensweisheit 75
22 Naturerlebnis 77
23 Hemmungslos 80
24 Zwei Tiere 82
25 Selbstachtung 84
26 Wünsche 86

INHALT

Kapitel 4: Meditatives Malen

27 Farben 90
28 Miniatur I 92
29 Miniatur II 93
30 Die Entdeckung der Langsamkeit 95
31 Tanz auf dem Papier 97
32 Gefühle malen 99
33 Spannung und Entspannung malen 101
34 Landkarte des Bewußtseins 103

Kapitel 5: Heilende Farben

35 Die Kraft der Farben 106
36 Farben atmen I 109
37 Farben atmen II 111
38 Tunnel des Lichts 113
39 Farbmeditation 116
40 Der Regenbogen 118
41 Goldener Zauberstab 120
42 Nacht am Meer 122

Kapitel 6: Orte der Erholung

43 Mein Refugium I 126
44 Der mythische Baum 128
45 Mein Refugium II 130
46 Der Bach 133
47 Der Wald 134
48 Ein Platz der Ressourcen 135
49 Ein heiliger Platz 138

Kapitel 7: Selbstachtung

50 Die beste Medizin 142
51 Selbstachtung 144
52 Mit den Augen eines Kindes 146
53 Diamant 148
54 Das innere Kind lieben 150
55 Unseren Körper schätzen 152

INHALT

Kapitel 8: Spirituelle Verbindungen

56	Offen für Wunder	156
57	Innerer Friede	158
58	Botschaft der Liebe	161
59	Mit dem Leben verbunden	164
60	Die Erde segnen	167
61	Tempel des Schweigens	170

Vorwort

Was uns heute vor allem fehlt, ist die Fähigkeit, Ruhe zu finden, uns zu entspannen und etwas zu erleben, was man vielleicht Harmonie oder inneren Frieden nennen könnte. Viel zu oft sind wir als Gruppenleiter genau wie unsere Teilnehmer in einem Zustand chronischer Unruhe, nicht im Kontakt mit unserem Körper und abgeschnitten von den wichtigen Signalen des Unbewußten. Und das sind einige der Symptome, die wir beobachten können, wenn Unruhe unsere Existenz plagt:

- Wir fühlen uns mitten am Tage außerordentlich erschöpft.
- Auch in sozialen Situationen, bei Konferenzen, Unterhaltungen, während der Gruppensitzungen beginnen wir Tagträume.
- Wir machen unerklärliche Fehler bei Dingen, die wir routinemäßig beherrschen (wir verlegen Schlüssel oder Portemonnaies, wir irren uns bei simplen Berechnungen, lassen Dinge aus der Hand fallen etc.).
- Plötzlich sind wir nicht in der Lage, uns an geläufige Begriffe, Namen oder Tatsachen zu erinnern.
- Wir übersehen deutliche soziale Gesten und verlieren den Kontakt zu unseren Interaktionspartnern in der Familie, im Geschäft, im Umgang mit unseren Klienten.
- Wir müssen bemerken, daß wir auch bei kleineren Schwierigkeiten plötzlich ärgerlich werden, uns hilflos fühlen, daß uns leicht die Tränen kommen oder daß uns Wellen von Depression überspülen, ohne daß wir dafür einen Grund angeben könnten.

Die Gründe für diese Schwierigkeiten liegen nicht nur darin, daß wir zuviel arbeiten, daß wir in vielen Situationen mit anderen konkurrieren müssen oder daß wir in einer Zeit leben, die durch Unsicherheit und ein hohes Tempo von Veränderungen geprägt ist. Sicherlich sind das alles Faktoren, die unseren Organismus und unsere gesamte Existenz herausfordern. Der Hauptfehler, den wir machen, liegt jedoch darin, daß wir unsere Kraft überschätzen und nicht dafür sorgen, Pausen zu machen, in denen unser Organismus die Chance erhält, sich zu regenerieren und das komplizierte Wechselspiel zwischen Körper und Gehirn in eine neue Balance zu bringen. Wir sind in der Lage, mit unglaublichen Belastungen fertigzuwerden und erstaunliche Leistungen zu vollbringen, aber wir brauchen dafür zwischendurch Pausen, in denen wir wieder locker lassen können.

Nachdem ich selbst viele Jahre das Pausenbedürfnis meines Organismus ignoriert hatte und feststellen mußte, daß ich auf diese Weise atemlos und unausgeglichen wurde, habe ich angefangen, meinen Tagesrhythmus zu ändern. Alle anderthalb bis zwei Stunden lege ich eine Pause ein. Ich gehe eine Weile durch den Garten, ich ziehe mich in einen ruhigen Raum zurück, setze mich in einen bequemen Sessel, oder ich entspanne mich im Liegen. Ich verzichte während dieser Pausen darauf, irgend etwas „Nützliches" zu tun. Statt dessen gehe ich in eine leichte Trance, bis ich nach 10 bis 20 Minuten wieder Lust habe, meine Arbeit erneut aufzunehmen. Ich habe festgestellt, daß diese freundliche Behandlung, die ich mir selbst gönne, nicht nur meine persönliche Effizienz und Kreativität begünstigt, sondern daß ich viel optimistischer und glücklicher lebe.

Ich wünsche mir, daß dieses Buch dazu beitragen kann, daß viele Gruppenleiter und deren Teilnehmer dazu inspiriert werden, den eigenen Arbeitsrhythmus auf eine heilsame Weise zu modifizieren.

Unser 90-Minuten-Rhythmus

Seit Beginn der 50er Jahre beschäftigten sich Biologen, Mediziner und Psychologen mit den vielen subtilen Rhythmen von Körper und Gehirn. Am Anfang stand die Schlafforschung, dann kam die Forschung über Aufmerksamkeitsspannen und Leistungsbereitschaft im Verlaufe des Arbeitstages. Dabei entdeckten die Wissenschaftler, daß es im Verlaufe eines Tages so etwas wie einen 90- bis 120-Minuten-Rhythmus gibt, der unser Ruhebedürfnis ebenso prägt wie unsere Leistungsbereitschaft. Man fand heraus, daß es ein Muster gibt, bei dem sich Perioden von Aufmerksamkeit und hoher Leistungsbereitschaft abwechseln mit Zeiten von Erschöpfung und Ruhebedürfnis. Dieses Muster beeinflußt menschliches Verhalten bei vielen geistigen und körperlichen Tätigkeiten: Denken, Aufmerksamkeit, Konzentration, Lernen, Kurzzeitgedächtnis, Kreativität, Feinmotorik, sportliche Leistung, Reflexe und Energieniveau.

In den 70er und 80er Jahren wurden diese Forschungen fortgesetzt unter dem Begriff „Tagesrhythmen". Dabei kam heraus, daß die Versuchspersonen ein starkes Bedürfnis hatten, alle 90 bis 120 Minuten eine Pause einzulegen, um wieder zu guter Leistungsfähigkeit zu kommen. Die Menschen hatten das Bedürfnis, die Arbeit zu unterbrechen, sich zu entspannen, etwas zu trinken oder zu essen, mit anderen small talk zu machen, um danach wieder voll konzentriert sein zu können.

Leider muß man sagen, daß alle diese Forschungen beschränkt blieben auf einen kleinen Kreis von Wissenschaftlern, so daß es wenig Auswirkungen gab zu der Entwicklung in den helfenden Berufen, zu Pädagogik und Psychotherapie. In den späten 70er Jahren beschäftigte sich der bekannte Hypnotherapeut Ernest Rossi, ein enger Mitarbeiter von Milton H. Erickson, ebenfalls mit Fragen des menschlichen Tagesrhythmus und fand erstaunliche Parallelen zwischen den Arbeitsergebnissen der Chronobiologen und seiner eigenen psychotherapeutischen Praxis. Er führte unser Verständnis der Tagesrhythmen ein gutes Stück weiter. Exzessive und chronische Überaktivität führt zu Streß, wenn wir nicht alle 90 bis 120 Minuten eine Pause einlegen, in denen sich die natürlichen Rhythmen von Körper und Geist normalisieren können.

Nach Rossi sind die Tagesrhythmen ein grundlegendes Muster in der Kommunikation zwischen Körper und Geist, nach dem sich unsere physiologischen und psychologischen Prozesse in 10 bis 14 Phasen am Tag ordnen. Jede Phase des Tagesrhythmus hat einen Gipfelpunkt, an dem uns unsere Natur die Möglichkeit gibt, besonders leistungsfähig und schöpferisch zu sein. Nach diesem Gipfelpunkt sinkt unsere Leistungsfähigkeit ab und erfordert eine Ruhepause, in der sich Geist, Körper und Seele neu ausbalancieren müssen. In dieser Pause können sich die einzelnen Systeme des Organismus erholen und neu aufeinander einstellen. Wird diese Pause eingehalten, dann bleibt der gesamte Organismus gesund, produktiv und leistungsfähig. Und in vielen kulturellen Ritualen, in vielen holistischen Heilverfahren gibt es dieses Wissen um die Perioden der inneren Ruhe, der Entspannung, der Konzentration, die die Voraussetzung dafür sind, daß Heilung stattfinden kann.

Wenn wir unseren Tagesrhythmus ignorieren

Zehntausende von Jahren lebten unsere Vorfahren in engem Kontakt mit den Rhythmen der Natur. Sie erwachten bei Sonnenaufgang, legten sich bei Sonnenuntergang zur Ruhe und machten im Laufe des Tages so viele Ruhepausen, wie sie brauchten. Dieses einfache Aktivitätsmuster sorgte dafür, daß unsere Vorfahren in Übereinstimmung mit ihren Tagesrhythmen lebten. Dieses klassische System von Aktivität und Ruhe funktionierte in ungefähr 99 % der menschlichen Evolution. Und erst seit den letzten acht- bis zehntausend Jahren kam es dazu, daß diese natürliche Balance erschüttert wurde. Nachdem sich unsere Vorfahren als Ackerbauern und Viehzüchter niedergelassen hatten, wurde eine kompliziertere Arbeitsorganisation eingeführt, um die jetzt notwendigen Ziele der landwirtschaftlichen und handwerklichen Produktion erreichen zu können. Das Leben in Dörfern und Städten wurde differenzierter. Neben die ökonomische Aktivität trat ein buntes System von Unterhaltung und Spiel, das ebenfalls dazu beitrug, daß die Aktivitätsspannen länger wurden und die Phasen natürlicher Entspannung seltener. Heute halten wir die scharfe Trennung zwischen Aktivität bei Tag und Ruhe in der Nacht für ganz natürlich. Wir haben uns daran gewöhnt, uns zu überfordern. Aber unser angeborenes Bedürfnis nach Erholung ist nicht verschwunden. Wir haben den Kontakt mit den natürlichen Körperrhythmen verloren, so daß Überaktivität unsere Energie erschöpft, unseren Geist unruhig macht und unseren Körper mit Gitftstoffen belastet, die nicht mehr abgebaut werden können.

Unser Streßzyklus beginnt, wenn wir die ersten Signale ignorieren, die uns zeigen, daß wir eine Pause brauchen. In der Regel zwingen wir uns weiterzuarbeiten. Unser Körper glaubt dann, daß es einen wichtigen Grund dafür gibt, und produziert die speziellen Streßbotenstoffe, welche uns die eigentlich nur für Notfälle vorgesehene zusätzliche Energie verschaffen. Aber wenn wir unser natürliches Pausenbedürfnis über eine längere Periode hinweg ignorieren, dann werden wir Opfer des Tagesrhythmen-Streßsymptoms. Die Symptome sind unter anderem: Lern- und Gedächtnisprobleme, Unfälle, Burn-out, Spannungen in unseren Beziehungen sowie ein breites Spektrum von Verhaltensweisen, mit denen wir uns selbst schaden. Der Grund ist immer derselbe: Wir mißachten die Aufforderung unseres Organismus, zur Ruhe zu kommen, und überfordern uns selbst. Je länger wir diese Art der Selbstausbeutung fortsetzen, desto größer wird die Wahrscheinlichkeit, daß noch ernstere Streßsymptome auftreten: Herzkrankheiten, Herzinfarkt, Kopfschmerzen, Rückenschmerzen, Bluthochdruck, Magengeschwüre, Asthma, Hautallergien, Depressionen, Angstzustände, Schlaflosigkeit, Verdauungsschwierigkeiten oder zwanghaftes Essen. Darüber hinaus wird die Funktion unseres Immunsystems beeinträchtigt, und wir werden anfällig für opportunistische Krankheiten wie Grippe und für alle möglichen Infektionen. Eine ganze Reihe von Medizinern glaubt darüber hinaus, daß langanhaltender Steß die Anfälligkeit für Krebs und AIDS erhöht.

Glücklicherweise haben wir ja die Möglichkeit, auf unseren Körper zu hören und heilsame Pausen einzulegen, so daß unser Organismus seine Selbstregulation wieder beginnen kann. Wenn wir dafür sorgen, daß wir

VORWORT

uns im Laufe eines jeden Tages oft genug „zwischendurch" erholen können, dann können alle die oben angeführten Symptome wieder verschwinden.

Damit Sie die Möglichkeit haben herauszufinden, ob Sie an dem Tagesrhythmen-Streßsyndrom leiden, können Sie die folgenden zehn Fragen für sich beantworten:

1. Ist Ihr Wohlbefinden beeinträchtigt durch Rückenschmerzen, Spannungskopfschmerz, Probleme mit Magen oder Verdauung, durch Hautallergien, Asthma oder Bluthochdruck?
2. Erleben Sie Wellen der Depression, ein Empfinden geringer Selbstsicherheit, immer wiederkehrende Gedankenketten, in denen Sie sich Sorgen machen?
3. Vergessen Sie häufiger Personennamen oder Worte, vergessen Sie, wo Sie wichtige Gegenstände abgelegt haben?
4. Erleben Sie häufig einen plötzlichen Umschwung der Gefühle, Irritierbarkeit, Ungeduld, schlechte Laune oder eine Bereitschaft, schnell in Tränen auszubrechen?
5. Stellen Sie fest, daß Sie von Zeit zu Zeit unkontrolliert essen? Essen Sie besonders viel am späten Nachmittag oder Abend? Haben Sie einen hohen Konsum an Süßigkeiten?
6. Tendieren Sie zu abhängigem Verhalten im Blick auf Alkohol, Zigarretten, Kaffee, Schokolade oder anderen schädlichen Stoffen, nur um sich aufzumuntern oder sich zu beruhigen?
7. Zeigen Sie nervöse Probleme wie zum Beispiel Nägelkauen oder irgendwelche andere nervösen Ticks?
8. Sind Ihre wichtigen Beziehungen sehr konfliktreich? Haben Sie Schwierigkeiten, Ihre Interaktionspartner schnell zu verstehen?
9. Sind Sie oft in Unfälle verwickelt? Stoßen Sie häufig irgendwo an, wenn Sie sich bewegen? Fallen Ihnen leicht Gegenstände aus der Hand?
10. Haben Sie Schwierigkeiten, schnell einzuschlafen, oder wachen Sie morgens auf, ohne daß Sie sich erfrischt und erholt fühlen?

Wenn Sie einige der oben beschriebenen Symptome bei sich feststellen, dann können das die Auswirkungen von chronischem Streß sein. Sie könnten sich fragen, ob es nicht besser für Sie ist, durch regelmäßige heilende Pausen die natürliche Kommunikation zwischen Körper und Geist wieder zu ermöglichen.

Die vier Phasen des Streß

Phase 1: Signale, die zu einer Pause einladen

Nach einer Arbeitszeit von ungefähr 90 – 120 Minuten können wir in der Regel bemerken, daß wir uns selbst dezente Hinweise geben, daß es Zeit ist, eine Pause zu machen. Wir haben plötzlich das Bedürfnis, uns zu strecken oder zu gähnen. Vielleicht knurrt unser Magen oder wir seufzen häufiger. Wir zünden eine Zigarrette an, wir essen etwas oder wir haben das Befürfnis, uns zu unterhalten. Vielleicht bemerken wir auch, daß wir uns verspannt haben, daß wir Tagträume beginnen, daß wir kleine Fehler bei der Arbeit machen, daß wir uns weniger kreativ fühlen. All das sind klare Signale, daß wir unsere Energie wieder erneuern müssen durch eine kurze Pause. Eine kurze Pause kann dazu beitragen, daß die beiden Hemisphären unseres Gehirns und unser Nervensystem wieder in die Balance kommen, daß Giftstoffe aus unserem Gewebe entfernt werden und daß die Botenmoleküle in unseren Körperzellen wieder vermehrt werden. Psychologisch können wir in solchen Pausen dafür sorgen, daß sich unser Geist reorganisiert und die vorangehenden Ereignisse innerlich ordnet und dafür sorgt, daß sie von uns verstanden werden. Wenn wir uns diese Chance nicht geben, dann gibt es eine Menge unerledigter offener Vorgänge, verbunden mit zwanghaften Gedankenmustern, Ängsten und Befürchtungen. Unser Bewußtsein wird überlastet, ohne jene Aufgaben lösen zu können, die speziell Sache des Unbewußten sind.

Wenn wir die Chance der Erholung verpassen, dann beginnt unser Streßsyndrom. Unser Hypothalamus sendet Streß-Botenmoleküle aus, die überall unseren Körper alarmieren und ihm signalisieren, daß eine Notsituation vorliegt.

Phase 2: Anstieg unseres Hormonspiegels

Wir können unser erstes zartes Pausenbedürfnis sehr leicht überspielen, aber wir bezahlen dafür mit einer Überflutung unseres Organismus durch Streßhormone. Ursprünglich sollten uns diese Streßhormone vor lebensbedrohenden Problemen beschützen. Wenn unsere Vorfahren plötzlich einem wilden Tier begegneten, dann halfen ihnen die Streßhormone und die dadurch aktivierte Energiewelle, schnell zu fliehen. Leider kann unser Körper nicht unterscheiden, was wirklich lebensbedrohende Situationen sind. So aktiviert er uns auch bei vielen normalen Irritationen. Wenn unsere Mitarbeiter schlechte Laune haben, wenn wir in die Rush-hour kommen, wenn wir Rechnungen bezahlen müssen, an die wir nicht mehr gedacht haben. Und natürlich immer dann, wenn wir uns entschließen, unseren Pausenbedürfnissen nicht nachzugeben.

Ironischerweise interpretiert unser Bewußtsein die neue Energie als Zeichen dafür, daß es sich lohnt, der eigenen Bequemlichkeit nicht nachzugeben. Wir genießen die Welle der Energie und Kreativität, wir fühlen uns wieder stark und munter. Wir können uns aber nur gut fühlen, weil unser Gehirn natürliche Opiate produziert hat, wie zum Beispiel Beta-Endorphin, das es uns gestattet, daß wir uns „high" fühlen. In dieser Phase arbeiten wir dann oft mit hohem Tempo, wir sind hyperaktiv und manisch. In unseren Interaktionen üben wir Druck auf andere aus, wir sind leicht irritierbar und ärgerlich. Unsere Fähigkeit, uns in andere einzufühlen, wird geringer, wir zeigen narzistische Verhaltensweisen. Vielleicht haben wir selbst die Illusion, daß wir gut drauf sind, aber in den Augen anderer ähnelt unser Verhalten eher den Symptomen von Menschen unter Drogen. Wir agieren ohne soziale Rücksicht, abrupt, aufgedreht, aber wir bemerken das nicht.

Und jeder kennt die Hyperaktivität des Arbeitssüchtigen, der sich selbst genauso wenig schont wie die Menschen in seiner Umgebung. Die typischen Auswirkungen dieses hohen Hormonspiegels sind körperliche Anspannung, Hostilität, Mißtrauen, Ressentiments. Wenn diese Symptome häufiger auftreten, dann können sie unsere Beziehungen zu Mitarbeitern, Freunden und Familienmitgliedern schwer beeinträchtigen. Und ironischerweise kann diese Phase des hohen Hormonspiegels auch dazu führen, daß wir abhängiges Verhalten entwickeln. Wir entwickeln ein Bedürfnis nach Kaffee, Alkohol, Zigaretten oder Kokain oder nach anderen chemischen Drogen. Vermutlich liegt hier eine wichtige Quelle für die Anfälligkeit unserer Gesellschaft im Blick auf abhängiges Verhalten. Der Streß, der uns dazu bringt, uns immer wieder selbst zu überfordern, verleitet uns dazu, immer neue Möglichkeiten der Stimulation anzuwenden. All das wäre überflüssig, wenn wir die zarten Hinweise unseres Körpers beachten würden und alle unsere Systeme durch angemessene Pausen erneut in eine Balance brächten.

Phase 3: Anwachsen der Störung

In dieser Phase braucht der Körper die Erholung und die Erneuerung der Energie noch viel stärker. Die Botenmoleküle, wie z. B. das Adrenalin, sind fast vollständig aufgebraucht. Mit derart niedrigen Reserven verlangen alle Zellen des Körpers etwas Zeit, um sich zu regenerieren und wieder funktionsfähig zu werden. Wenn wir in dieser Phase sind, bemerken wir die drohende Gefahr jedoch selten. Das Gehirn ist immer noch durch Beta-Endorphine in einer euphorischen Stimmung, so daß wir die Notsituation des Körpers übersehen. Ohne daß wir es ahnen, geht es mit uns bergab, und unsere wichtigsten Systeme, Gehirn, Körper und Nervensystem, zeigen massive Störungsanzeichen. Weil die Botenmoleküle erschöpft sind, gibt es Ausfälle im Bereich von Gedächtnis, Wahrnehmung und der Durchführung komplizierter Handlungen. Wir machen jede Menge Fehler: kleine, nicht sehr folgenreiche Fehler, Fehler durch unser eingeschränktes Urteilsvermögen und Fehler im Bereich der Körpermotorik. Unsere Reaktionszeiten sind länger als gewöhnlich, so daß wir häufig in der Gefahr sind, uns in Unfälle zu verwickeln. Diese ungewohnten Handicaps machen uns zornig und ungeduldig im Blick auf andere.

Und man kann sich vorstellen, was geschieht, wenn wir Tag für Tag derartige Störungen der eigenen Handlungskompetenz erleben: Wir entwickeln ein chronisches Gefühl der Inkompetenz, und wir glauben, Versager zu sein. Unsere Abwehrmechanismen sind geschwächt, und unser eingeschränktes Urteilsvermögen macht aus einer Krisensituation eine generelle negative Aussage über unsere Tüchtigkeit. Aber wir wissen auch nicht, wie wir aus diesem Tal der Trauer herauskommen sollen. Unsere Selbstgespräche werden immer negativer, unsere Selbstachtung sinkt, und wir geraten in eine ausgewachsene Depression. Interessanterweise sind besonders tüchtige und motivierte Menschen anfällig für diese traurigen Symptome der Selbstausbeutung. Manager, Therapeuten, Ärzte, Lehrer, Sozialarbeiter, Rechtsanwälte, Schriftsteller, Ingenieure, sie alle entwickeln ein schlechtes Selbstbild, wenn sie diesen Zustand der Überarbeitung erreicht haben. Sie treiben sich unaufhörlich zu höheren Leistungen an und interpretieren das natürliche Ruhebedürfnis des Körpers als Zeichen von Charakterschwäche oder mangelndem Durchhaltevermögen.

Phase 4: Die Rebellion des Körpers

Die Arbeits- oder Leistungssüchtigen, welche die starken Signale der Störungsphase weiterhin ignorieren, sie alle erreichen automatisch diese vierte, noch restriktivere Phase des Streßsyndroms. Hier kommt es zur offenen Rebellion unseres Körpers. Der Prozeß psychosomatischer Erkrankungen beginnt.

VORWORT

Wenn wir immer wieder unser natürliches Ruhebedürfnis ignorieren, dann kann das komplizierte System von Körper und Geist die Alltagsbelastungen nicht mehr reparieren und ausgleichen. Das System arbeitet dann selbst fehlerhaft. Verursacht werden psychosomatische Symptome u.a. durch ein hohes Maß von Streß-Botenmolekülen. Wir wissen heute, daß ein Übermaß an Streßhormonen Gehirnzellen tötet, deren Aufgaben im Bereich von Lernen und Gedächtnis liegen. Darüber hinaus entstehen psychosomatische Erkrankungen, wie Magengeschwüre, Kopfschmerzen, Rückenschmerzen, Muskelschmerzen, gestörte Herzfunktionen, Atmungsstörungen wie Bronchitis und Asthma. Außerdem wird die wunderbare Arbeitsweise des Immunsystems beeinträchtigt, so daß wir sehr viel leichter ein Opfer für alle möglichen Viren und Bakterien werden. Wir können die Probleme dieser vierten Phase auch verstehen als eine letzte und ernste Warnung unseres Unbewußten an jenen überheblichen Antreiber in unserem Bewußtsein, der glaubt, daß wir unerschöpfliche Kräfte haben wie die Götter. Diese Störungssymptome sind auch eine Warnung, die wir uns selbst geben: Stop! Gönne dir mehr Rast und Ruhe!

Wenn wir als Mitglieder der helfenden Berufe uns selbst betrachten und uns im Kreis unserer Kollegen umsehen und im Kreis unserer Klienten, dann müssen wir erschreckt feststellen, wie viele talentierte und wohlmeinende Menschen gegen die einfache Forderung unserer Tagesrhythmen verstoßen, nämlich alle 90-120 Minuten für genügend Erholung zu sorgen. Wir sollten dann daran denken, wie wunderbar unser angeborener Rhythmus von Aktivitätsbereitschaft und Ruhebedürfnis funktioniert. Mit seiner Hilfe können wir sehr schön die Leistungsanforderungen der äußeren Welt in eine Balance bringen mit unserem inneren Bedürfnis, uns Zeit zu nehmen für Erholung, Heilung und innere Entwicklung, und wir sollten die ersten Signale ernst nehmen.

Die 10-Minuten-Pause

Zum Glück haben wir die Möglichkeit, das Streßsyndrom zu vermeiden, indem wir auf unsere Tagesrhythmen so reagieren, wie es uns die Natur vorschlägt, nämlich mit einer Erholungspause, die unser gesamtes System erfrischt und neu ausbalanciert. Damit die Erholungpause ihre heilende Kraft voll entfalten kann, ist es gut, wenn wir diese Pause „tief" genug anlegen. In der Regel reicht es nicht aus, wenn wir ein Glas Tee trinken, die Zeitung lesen oder uns mit anderen unterhalten. Um auch hier die Struktur des Erholungsprozesses zu verdeutlichen, sollen die vier wichtigsten Phasen kurz dargestellt werden:

Phase 1: Signale des Verständnisses

Wenn wir uns dafür entscheiden, die heilende Variante des Zyklus von Anstrengung und Ruhe zu erleben, dann steht natürlich am Anfang eine ähnliche Kette von Signalen, die uns auffordern, eine Pause einzulegen. In diesem Falle interpretieren wir diese Signale jedoch nicht negativ als eine Störung unserer Leistungsbereitschaft, sondern wir begrüßen sie positiv als Anzeichen dafür, daß unser Warnsystem funktioniert. Wir lesen aus den Signalen von Körper und Geist die Aufforderung zur Heilung und zur Erneuerung. Das ist ein gravierender Unterschied. Wir erleben unser Pausenbedürfnis nicht als Störung, sondern als unsere Verbindung mit Ebbe und Flut eines universalen Lebensprozesses. Und dann können wir u.a. folgende Signale des Verständnisses entdecken:

- Wir möchten uns strecken und unsere Muskulatur auflockern.
- Wir gähnen oder seufzen behaglich und innerlich ruhig.
- Wir achten auf unsere Atmung und bemerken unser Bedürfnis, irgendwie tiefer zu atmen.
- Wir bemerken, daß unser Körper ruhig wird, still und entspannt.
- Wir entdecken Appetit auf einen kleinen Happen oder einen Schluck zu trinken.
- Wir bemerken, daß wir unsere Blase entlasten wollen.
- Wir bemerken, daß unser Geist uns angenehme Erinnerungen vor Augen führt und Gedanken an glückliche Zeiten.
- Wir erleben, wie sich die Perspektive unseres Geistes etwas verändert und irgendwie breiter und umfassender wird.
- Trotz aller Arbeit fühlen wir uns dankbar, nachdenklich und zuversichtlich, daß wir unsere Sache gut machen.
- Wir fühlen uns behaglich und gefühlsmäßig geborgen.
- Wir gehen im Geiste freundlichen, positiven Tagträumen nach bzw. wir bemerken angenehme sexuelle Phantasien.
- Wir können in Ruhe feststellen, daß unsere äußere Leistungs-

bereitschaft nachläßt, während wir umschalten und Zugang gewinnen zu einem inneren Heilungs- oder Erholungsprozeß.

Entscheidend ist, daß dies ein ganz natürliches Phänomen ist, das uns zeigt, daß unser Organismus in Übereinstimmung mit den Naturgesetzen funktioniert. Manchmal brauchen wir ein paar Minuten, besonders wenn wir sehr in eine Tätigkeit vertieft sind, um diese Signale zu erkennen, so daß wir uns vielleicht fragen: Brauche ich wirklich eine Pause? Und wir können beruhigt die Existenz dieser Frage als einen Versuchsballon des Unbewußten betrachten, der uns darauf aufmerksam machen will, daß wir tatsächlich reif sind für eine Pause. Wir haben dann verschiedene Möglichkeiten, um uns dem weiteren Erholungsprozeß zu öffnen; besonders gut ist es natürlich, wenn wir an einen Platz gehen, wo wir ungestört sind und wo unsere Aufmerksamkeit nach innen gehen kann, wo wir uns bequem in einen Sessel setzen oder irgendwie hinlegen können. Eine andere Möglichkeit ist es, einen kleinen Spaziergang durch die Natur zu machen. Entscheidend ist allemal, daß wir uns die Möglichkeit verschaffen, mit unserer Aufmerksamkeit nach innen zu gehen.

Leider hat unsere Kultur wenig tragfähige Traditionen entwickelt, die dieses Pausenbedürfnis anerkennen. Und wir haben alle die Tendenz, diese Phase negativ zu sehen als Erschöpfung oder Störung und eben nicht als eine Chance der Erholung, der Wiederherstellung, der Revitalisierung, der Heilung. Merkwürdigerweise hat sich das nicht geändert, obgleich die modernen Arbeitsgesetze, die Bestimmungen der Schulbehörden oder die Praxis der Seminarveranstaltungen ja allesamt mit einer sehr vernünftigen Pausenregelung aufwarten. Darum ist es wichtig, daß wir als Angehörige der helfenden Berufe unseren Teilnehmern helfen, diese Situation in einem neuen Bezugsrahmen zu sehen. Dann können wir etwa folgendes Selbstgespräch führen:

„Ich bemerke, daß ich am Beginn meiner 10-Minuten-Pause stehe. Ich will mir selbst die Chance geben, daß die Natur ihre heilende Aktivität beginnen kann bis in mein tiefstes Inneres. In den letzten Stunden haben Körper und Geist so viel gearbeitet, daß ich ihnen jetzt Dank abstatten will durch eine Phase der Erholung und der inneren Heilung."

Leider liegt es auf der Hand, daß diese Einsichten nicht sofort von jedem verstanden und befolgt werden können.

Jeder hat seinen eigenen Rhythmus und seinen eigenen Zeitplan, um auf der Grundlage seiner Erfahrungen für sich zu sorgen.

lassen. Hier gibt es eine große innere Nähe zu den alten mystischen Traditionen, nämlich nichts zu tun. Wir lassen unser Bewußtsein einfach registrieren, was von selbst geschieht. Und manchmal ist das der Beginn von interessanten Einsichten, in denen wir uns verbunden fühlen mit der Welt und mit einer gewissen Weisheit.

Natürlich haben geistig aktive Menschen am Anfang eine gewisse Scheu vor dieser Passivität. Alle möglichen Gedanken schießen ihnen durch den Kopf, und sie fühlen sich unfähig, sich tief zu entspannen. Aber auch das ist in Ordnung und meist ein Übergangsphänomen, bis der Betreffende sich an die heilende Magie der Untätigkeit gewöhnt hat. In dieser Phase wird der Heilungsprozeß von unserem Unbewußten gesteuert. Unsere Körperrhythmen und Systeme werden neu justiert und synchronisiert. Abfallprodukte aus Phasen der intensiven Arbeit werden aus den Zellen hinausgespült, der Vorrat an Botenmolekülen wird aufgestockt, und die Energiereserven des Körpers werden ergänzt. Und unser Geist, insbesondere unser Unbewußtes, ist ganz aktiv, ohne daß wir es merken. Erfahrungen und Ereignisse der zurückliegenden Stunden werden geordnet und integriert und irgendwie zusammengefaßt in einem neuen Zusammenhang mit neuem Verständnis und neuen Impulsen. Insbesondere auch die Basis unserer Kreativität wird hier erfrischt. Die tiefe Ruhe und Entspannung scheint es unserem Geist zu ermöglichen, neue und passende Perspektiven zu entwickeln zur Lösung all unserer Aufgaben und Probleme. Und ohne daß wir in der Regel in dieser Phase einschlafen, fühlen wir uns nach etwa 10 Minuten – oder nach einer etwas längeren Zeitspanne – außerordentlich erfrischt und verjüngt.

Phase 4: Rückkehr und Erfrischtsein

Hier kehren wir zu unserem üblichen Tagesbewußtsein zurück. Wir öffnen die Augen, recken und strecken uns und holen ein paarmal tief Luft. Wir fühlen uns wieder fit. Und wenn wir uns gut fühlen, dann ist das die Stimme der Natur, die zu uns sagt: „Du hast es richtig gemacht." Hier ernten wir sozusagen die Früchte unserer 10-Minuten-Pause. Wir waren auf einer heilenden Reise nach innen, und Körper und Geist haben sich erfrischt für den nächsten Zyklus hoher Leistungsbereitschaft und Aktivität. Der Körper ist neu vitalisiert und erfrischt, und auch unser Geist hat sich ausbalanciert und einen neuen Fokus gefunden, so daß wir mit neuem Elan auch an vorher schwierige oder unlösbar scheinende Probleme herangehen können. Wir sehen uns selbst mit größerer Objek-

VORWORT

Phase 2: Körperliche Entspannung und tiefes Atmen

Wenn wir gelernt haben, unser Pausenbedürfnis als natürlichen und völlig ehrenwerten Vorgang zu betrachten, dann können wir schnell beobachten, daß wir anfangen, tiefer zu atmen, daß wir behaglich seufzen oder gähnen, daß unser Atemrhythmus etwas langsamer wird und daß wir uns recken und strecken und dafür sorgen, daß angespannte Stellen des Körpers locker werden können. Vor allem die Veränderung unseres Atemrhythmus zeigt, daß wir einen Übergang vollziehen zu unserem automatischen Nervensystem, das für Entspannung und Heilung zuständig ist. Mit langsameren und tieferen Atemzügen geht unser Körper in einen Zustand der Entspannung, wie wir es z.B. auch erleben, wenn wir abends einschlafen. Und dieser Übergang wird begleitet von einer Akzentverlagerung unseres Geistes. Wir öffnen jenes berühmte Fenster zum Unbewußten und überlassen die Regie mehr und mehr dem Bereich, der für unsere Heilung zuständig ist. Und wenn wir uns auf die angenehmen Empfindungen des Körpers konzentrieren, die irgendwo zuerst zu bemerken sind, dann kann dieser Prozeß der Ruhe und der Entspannung sich langsam ausbreiten über den ganzen Körper. Und eigentlich ist es völlig ausreichend, wenn wir in dieser zweiten Phase ganz passiv sind. Unsere zunehmende Ruhe ist ein Zeichen der Natur, daß die Dinge einen guten Verlauf nehmen und daß wiederum Botenmoleküle (z.B. die Familie der Endorphine) durch unseren Körper strömen, um Heilung und Erholung zu ermöglichen.

Phase 3: Heilung und Erholung für Körper und Geist

Dies ist das Herzstück des Erholungsprozesses. Wir lassen uns selbst los, schweben, träumen, ohne daß wir uns irgend etwas bewußt vornehmen. Unser Geist wird weiter und unser Körper lockerer. Man könnte auch sagen, daß wir in eine Phase der Tagträume oder in eine mehr oder weniger tiefe Trance eintauchen. Jeder erlebt diese Phase auf seine Weise. Analytische, logische Menschen tendieren zu irgendwelchen Erinnerungen, Gedanken und zu all dem, das die Gestalttherapeuten „unfinished business" nennen. Menschen, die vorzugsweise ihre rechte Hemisphäre gebrauchen, erleben verstärkt Körperempfindungen und Bilder in der Art, wie wir es vom Träumen her kennen. Wichtig ist jedoch folgendes: Es gibt keinen vorgeschriebenen Weg, wie wir diese tiefe Phase erleben sollen. Wir müssen kein Ziel erreichen; es reicht aus, wenn wir uns ohne Ziel den natürlichen Prozessen von Körper und Geist über-

tivität und fühlen uns kompetenter, Probleme und Aufgaben zu lösen. Der Übergang zum normalen Tagesbewußtsein dauert in der Regel ein paar Minuten.

Und das Ganze ist ein einfacher und natürlicher Prozeß, völlig in Übereinstimmung mit unserem biologischen und psychologischen Design. Wenn wir uns daran halten, dann können wir viel kreativer und glücklicher leben und einen wirklichen, signifikanten Beitrag der Entlastung von Ärzten und Psychotherapeuten leisten.

Praktische Hinweise für den Gruppenleiter

Alle Phantasieexperimente dieses Bandes folgen der oben skizzierten Struktur der Erholungspausen. Am Anfang jeden Experimentes werden die Teilnehmer eingeladen, die verschiedenen Signale von Körper und Geist zu beachten, angespannte Stellen, kalte Körperteile, übersehene Bedürfnisse und Stimmungen. Dann werden sie aufgefordert, sich den Komfort einer ruhigen und tiefen Atmung zu gönnen, eine bequeme Körperposition einzunehmen und einfach loszulassen, geistig und physisch. Das Bewußtsein erhält die Erlaubnis, etwas in den Hintergrund zu treten und Beobachter zu werden, und das Unbewußte wird eingeladen, eine Phantasietätigkeit zu beginnen. Mit anderen Worten, die Teilnehmer erhalten ein Übungsmodell für die Gestaltung solcher Erholungspausen. Mit der Zeit werden sie dann in der Lage sein, diese „Übungsmodelle" zu kopieren, abzuändern und am Ende eine völlig eigene, freie Phantasietätigkeit in der dritten Phase zu beginnen. Denn diese ist ein wichtiges Ziel bei dieser Art tiefer Pausen. Wir können dabei Türen zu unserem kreativen Inneren selbst öffnen. Und wir können unsere angeborene Kreativität auf vielerlei Weise erleben, als Gedanken, als Bilder, als Klänge, als Körperempfindungen. Diese Öffnung nach innen ist eine uralte kulturelle Praxis, die vielerlei Namen hat. Es ist davon gesprochen worden, daß wir dabei unserer Muse begegnen, unserer inneren Stimme, unserem kreativen Unbewußten, unserem Selbst, unserem spirituellen Führer, unserem Totemtier, unserer Seele oder unserer Anima. All diese Begriffe beziehen sich auf einen wichtigen psychologischen Zustand, in dem unser exekutives Ego die Kontrolle aufgibt und den vielen schöpferischen inneren Stimmen die Regie überläßt.

Wir haben die vielen verschiedenen Phantasieexperimente für solche heilsamen 10-Minuten-Pausen etwas sortiert, um unser aller Bedürfnis nach geistiger Architektur zu respektieren. Wahrscheinlich wird Ihnen Ihre

VORWORT

Intuition am besten sagen können, in welcher Situation und in welcher Gruppe Sie auf welches Phantasieexperiment zurückgreifen. Und manchmal kann es praktisch sein, eine Gruppensitzung mit einem unserer Experimente abzuschließen, ein anderes Mal kann es geboten sein, die Sitzung damit zu eröffnen. Und wenn Sie einen Kurs über Wege zur Entspannung anleiten, dann können Sie natürlich auch in dichten Abständen passende Experimente erproben lassen.

Machen Sie Ihre Teilnehmer immer wieder darauf aufmerksam, daß das Geheimnis der Heilung durch die 10-Minuten-Pause darin besteht, daß wir uns unseren inneren Kräften anvertrauen und unsere bewußten Ziele und Pläne eine Zeitlang aufgeben. Auf die Bereitschaft, uns überraschen zu lassen, kommt es an. Wir werden dann manchmal mit sehr wichtigen inneren Erfahrungen aus solchen Pausen herausgehen oder uns einfach frisch und fit fühlen. Und damit ist schon viel gewonnen.

Ich wünsche Ihnen zunächst für sich selbst, daß Sie diese heilsame Praxis in Ihr Leben und in Ihre Arbeit integrieren können, und auf dieser Basis wünsche ich Ihnen weiter, daß Sie diese Haltung und Vorgehensweisen weitergeben an die vielen Menschen, mit denen Sie in Ihren Gruppen arbeiten und denen Sie auf diese Weise sehr helfen können.

Klaus W. Vopel

Kapitel 1

Locker lassen

1 *Knoten lösen*

Ziele

Manchmal haben wir uns sehr angestrengt, so daß wir uns erschöpft fühlen und hier und da verspannt. Ja, man könnte sagen, daß es überall eine Menge Knoten gibt – in unseren Gefühlen, in unseren Gedanken und in der Muskulatur unseres Körpers. Dieses Experiment zeigt den Teilnehmern einen Weg, wie sie die vielen mehr oder weniger störenden Knoten lösen können.

Anleitung

Ich zeige euch einen Weg, wie ihr Verspannungen auf eine interessante Weise lösen könnt. Setzt euch bequem hin und schließt die Augen.

Und zuerst bitte ich dich, die Gegenden auf der Landkarte deines Körpers herauszufinden, wo du dich angespannt hast. Schau dir deinen ganzen Körper an, von Kopf bis Fuß, und spüre physische und seelische Spannungen auf. Überprüfe alle besonders gefährdeten Plätze: Füße, Unterschenkel, Knie, Magen, Kreuzbein, Herz, Schultern, Nacken, Unterkiefer, Schläfen, Augen, Mund usw. Und überall, wo du Spannungen spürst, kannst du dir die Spannung vorstellen als einen Knoten in einem Tau. Und je stärker die Spannung ist, desto dicker ist das Tau und desto zahlreicher sind die Knoten. Eine leichte Spannung kannst du dir vielleicht vorstellen als einen Knoten in einem einfachen Bindfaden. Und eine sehr schmerzhafte, intensive Spannung kannst du mit deinem inneren Auge vielleicht als einen Knoten in einem dicken Schiffstau sehen, einen einfachen Knoten oder vielleicht sogar einen Doppelknoten. Und Taue und Bindfäden, die du siehst, kannst du dir grau vorstellen und genauso den Körperteil, den du angespannt hast, denn mit unserer Anspannung schränken wir ja die Durchblutung in diesem Gebiet ein.

Und vielleicht bist du an diesem Tag schon viel herumgelaufen oder du hast sonst irgendwie das Gefühl, daß deine Beine, die all die Herausforderungen des Lebens tragen müssen, ziemlich angestrengt sind. Dann kannst du dir auch die Füße wie zwei vielfältig verknotete Seile vorstel-

KAPITEL 1: LOCKER LASSEN

len. Oder vielleicht schmerzen deine Knie. Dann kannst du dir dort verknotete Bindfäden vorstellen. Oder dein Rücken schmerzt, dann kannst du dir deine Wirbelsäule wie ein Stück vielfältig verknotetes Tau vorstellen. Oder du mußt so viel in deinem Kopf bedenken, daß du dir dein Gehirn wie einen Haufen verknoteter Bindfäden vorstellen kannst... (1–2 Min.) Sobald du die wichtigsten Spannungsgebiete lokalisiert hast, Knoten aus Tauen oder Bindfäden, dann kannst du damit beginnen, all diesen Knoten die Erlaubnis zu geben, sich zu lösen. Und am besten konzentrierst du dich immer auf ein Gebiet zur Zeit und sagst innerlich z.B.: „Ich lockere hier meine Spannung." Und dann kannst du zuschauen, wie sich die meisten Knoten leicht und ohne Anstrengung auflösen. Für den Fall, daß irgendein Knoten unbedingt weiter verknotet bleiben will, gebe ich dir nachher eine Anregung für das, was du dann tun kannst.

Und mit deinem inneren Auge kannst du in all den anderen Fällen sehen, wie sich die Knoten auflösen, wie sich die Bindfäden und Seile entwirren und sich vielleicht ganz ordentlich arrangieren, schön zusammengelegt wie das Tauwerk auf einer Segelyacht. Stell dir vor, daß dieses Tauwerk in schönen runden Kreisen angeordnet ist, die ganz ordentlich um deine Füße herum liegen, um deinen Rücken und deinen Kopf, überall, wo Spannung war. Und schrittweise wird dein ganzer Körper so gut aufgeräumt wie eine Segelyacht im Hafen, die von ihren Besitzern gut gepflegt wird. Und wenn die Spannung ganz leicht war, dann hast du dir ja wahrscheinlich Bindfaden vorgestellt, und den kannst du dir als ein schön aufgewickeltes Knäuel vorstellen.

Immer wenn du ein verknotetes Gebiet gelockert hast, dann kannst du tief Luft holen und deinen Atem mit einem Seufzer der Erleichterung wieder hinauslassen. Allmählich kannst du dann spüren, daß deine Lebensgeister wieder frei zirkulieren. Und dann kannst du auch sehen, daß Tauwerk oder Bindfäden eine gesunde rosa Farbe bekommen, genauso wie das nun entspannte Gebiet. Und im Laufe dieser Prozedur werden sich deine Füße frisch und beweglich anfühlen, so daß du das Empfinden hast, gleich tanzen zu können. Und deine Knie können sich wieder stark und elastisch fühlen. Dein Rücken ist ganz gerade und stolz. Die Gedanken können wieder frei durch deinen Geist ziehen, und je mehr Muskulatur, Gedanken und Gefühle lockerer werden, desto kräftiger und flexibler werden sie.

Und wenn du in der beschriebenen Weise deine Anspannung von Kopf bis Fuß aufgelöst hast, dann kannst du dir diesen angenehmen lockeren Zustand dadurch bestätigen, daß du dir überall das in schönen Kreisen

KAPITEL 1: LOCKER LASSEN

zusammengelegte Tauwerk vorstellst oder die locker aufgerollten Knäule mit dem Bindfaden.

Und laß dir nun ein paar Minuten Zeit, um die Verknotungen aufzuräumen, die du jetzt feststellen konntest. (2–3 Min.)

Nun möchte ich dir sagen, was ich vorher angekündigt habe. Es kann in Zukunft immer einmal vorkommen, daß ein Knoten sich nicht von selbst lösen will. Dann kannst du davon ausgehen, daß dieser Knoten eine wichtige Botschaft für dich bereithält, die zu entziffern wichtig ist. In diesem Falle kannst du dir den Knoten etwas vergrößert vorstellen, wie unter einer Lupe. Und du kannst ihn fragen, ob er dir sein Geheimnis mitteilen möchte. Und vielleicht hörst du dann ein paar Worte oder einen Satz, oder du siehst zusätzlich ein anderes Bild oder ein Symbol, das die Botschaft für dich codiert. Und du kannst dem Knoten dann mitteilen, wie du auf seine Botschaft reagieren willst. Und möglicherweise ist er dann bereit, sich aufzulösen. So ein Dialog mit einem hartnäckigen Knoten kann dir wertvolle Hinweise auf unerledigte Dinge geben, Dinge, die du übersehen hast und die anzupacken in deinem Interesse liegt.

Du kannst dir das Leben auch in Zukunft leichter machen, indem du häufiger mit dieser imaginativen Technik des Knotens arbeitest. Dein unbewußter Geist kann dir von Zeit zu Zeit die Knoten in bestimmten Körperteilen zeigen, so daß du dir dann etwas Zeit nehmen kannst, dort aufzuräumen und lockerzulassen.

Und nun kannst du gleich die Augen wieder öffnen und dich etwas recken und strecken und mit deiner Aufmerksamkeit wieder hierher zurückkommen zu dieser Gruppe und zu unserem Thema.

Das Zentrum finden 2

Ziele

Die folgende Aktivität hilft den Teilnehmern, Ablenkungen aufzugeben und ihre Aufmerksamkeit ganz auf das Hier und Jetzt zu konzentrieren.

Anleitung

Ich will euch eine Möglichkeit zeigen, wie ihr euch auch in unruhigen arbeitsreichen Zeiten immer wieder regenerieren und eurer Aufmerksamkeit einen frischen Fokus geben könnt. Setzt euch bequem auf euren Stuhl oder auf den Boden, schließt die Augen und geht mit eurer Aufmerksamkeit nach innen...

Nun kannst du deine Aufmerksamkeit zunächst auf deinen Atem richten, der herein- und hinausströmt.

Nun bemerke dein Gewicht, das du an den Boden unter dir weitergibst. Spüre all die Stellen, wo du mit dem Untergrund in Kontakt bist, Schenkel, Beine und Füße. Und halte deine Wirbelsäule ganz gerade. Spüre, wie dein Kopf darüber sich nach vorne erweitert... Spüre deine Schädeldecke und stell dir vor, daß sie ganz leicht den Himmel über dir berührt.

Du kannst nun herausfinden, was dich daran hindert, ganz präsent im Hier und Jetzt zu sein, was dich ablenkt. Vielleicht sind es Unbehagen oder Anspannungen in deinem Körper, lebhafte Gefühle, Ängste, Gedanken oder Sorgen. Laß dir all diese Dinge klar werden, die deine Aufmerksamkeit in Anspruch nehmen, Körperempfindungen, Gefühle und Gedanken.

Und wenn du einatmest, dann kannst du auf diese Ablenkungen eingehen, und wenn du wieder ausatmest, kannst du sie loslassen. Und konzentriere dich auf eine Ablenkung zur Zeit. Gehe ruhig langsam vor. Vielleicht brauchst du mehrere Atemzüge, um eine Angst aufzulösen. Beim Einatmen kannst du herausfinden, wie du diese Angst konstruktiv berücksichtigen kannst, und beim Ausatmen kannst du sie dann für den Augenblick gleich loslassen... (2–3 Min.)

KAPITEL 1: LOCKER LASSEN

Nun kannst du dir eine Situation einfallen lassen, wo du dich früher einmal sehr konzentriert gefühlt hast, eine Situation, wo du das Erlebnis hattest, ganz und gar du selbst zu sein, wo du ganz und gar aus dir selbst heraus gehandelt hast, empfunden hast, genossen hast, und rufe dir diese Situation ganz lebendig wieder ins Gedächtnis: Wo du warst, was geschah, wie du dich fühltest und was du getan hast.

Hol dir dieses Gefühl von damals zurück in deinen Körper. Und wenn es ein Bild gibt, eine Farbe oder ein Wort, das dieses alte Gefühl der Konzentration besonders passend zum Ausdruck bringt, dann kannst du das benutzen, um dich damit zu verbinden. Vielleicht ist es auch hilfreich, wenn du eine oder beide Hände auf dein Körperzentrum legst, dicht unter dem Bauchnabel.

Nun kannst du dir vorstellen, wie du durch ganz unterschiedliche Situationen in deinem Leben gehst und dabei immer diese Empfindung der Konzentration, der Verbindung mit deinem Zentrum lebendig hältst. Und du kannst ruhig an Situationen denken, die dich sonst aufregen würden und aus der Balance brächten. Und du kannst dir vorstellen, daß du im Kontakt mit deinem Zentrum ruhig bleibst und dir selbst treu. (1–2 Min.)

Und nun kannst du mit deiner Aufmerksamkeit langsam hierher zurückkommen. Achte weiter auf deinen Atem, und wenn du dazu bereit bist, kannst du die Augen öffnen und sie eine Weile auf deine Hände fokussieren oder auf irgendein Objekt in deiner Nähe.

Danach kannst du dich dann umsehen und wieder mit uns allen Kontakt aufnehmen. Immer wenn du in deinem Leben Gedanken oder Gefühle, die dich ablenken, auflösen willst, kannst du in der Weise vorgehen, wie du es eben praktiziert hast. Du kannst dir dieses angenehme Gefühl, ganz du selbst zu sein, wieder hervorrufen.

Ein Bad für die Seele 3

Ziele

Manchmal haben wir den Eindruck, daß alles, was schiefgehen kann, auch tatsächlich schiefgeht. Oder wir erleben eine geistige Stagnation und wissen noch nicht, wie wir die anstehenden Probleme lösen können. Dann fühlen sich Körper und Seele belastet und sehnen sich nach einer Ruhepause. Die folgende imaginäre Aktivität bietet dafür eine angenehme Hilfe.

Anleitung

Manchmal haben wir das Empfinden, daß wir uns etwas verwöhnen möchten, um uns für Extra-Anstrengungen und Extra-Belastungen, die wir auf uns genommen haben, zu entschädigen. Ich zeige euch eine schöne Möglichkeit dazu.

Setz oder leg dich bequem hin und schließe die Augen. Stell dir vor, daß du auf einer Luftmatratze liegst, die in einem Swimmingpool treibt. Du hörst das leise Summen des Wasserfilters, und du bemerkst vielleicht den speziellen Duft frischen Wassers mit einer kleinen Prise Chlor. Und eine Hand hältst du in das kühle, klare, türkisfarbene Wasser. Eine sanfte Brise weht über deinen Körper, und über dir wölbt sich der Himmel, ein riesengroßer, blauer Ozean.

Und die Sonne schickt ihre Strahlen auf deinen Körper, und du spürst, wie dir die Wärme guttut. Die vielen kleinen Sonnenstrahlen massieren auch deine Fußsohlen, und sie stoßen zart an die Spitzen deiner Zehen. Und eingehüllt in das weißgoldene Sonnenlicht bleiben deine Füße ganz locker, und jeder einzelne Zeh fühlt sich frei und lebendig an.

Du spürst die Sonne um deine Knöchel herum und auch um deine Beine, auf deinen Knien und Schenkeln. Das warme Sonnenlicht massiert deine Haut und die Muskulatur darunter. Du hast das Gefühl, daß sich dein Körper ein klein wenig ausdehnt.

Sonnenstrahlen tanzen auch auf deiner Brust, und sie wärmen dein Herz und lassen physische und emotionale Schmerzen wegschmelzen. Von der Sonne verwöhnt, kannst du bemerken, daß du ruhiger und tiefer atmest.

KAPITEL 1: LOCKER LASSEN

Nun kannst du bemerken, daß die Sonne Schultern, Arme und Hände massiert. Du spürst, wie alles lockerer wird.

Die Wärme der Sonne steigt auch in deinen Nacken empor, und auch deine Kehle fühlt sich weicher und weicher an.

Nun kannst du spüren, wie die Sonnenstrahlen sanft dein Gesicht berühren und die Spannung von deinen Jochbögen und aus den Augen wegnehmen. Und auch dein Geist fühlt sich weiter an, und Sorgen und Ablenkungen schmelzen in der Wärme der Sonne. Die Sonne wärmt auch deine Kiefergelenke, so daß dein Unterkiefer ein wenig nach unten sinkt.

Wenn du durch deine Nase einatmest, kannst du dir vorstellen, daß du die leuchtende Kraft der Sonne in dich hineinatmest. Du kannst spüren, wie die Wärme und das Licht der Sonne beide Lungenflügel füllen und sich von da durch den ganzen Körper verbreitet. Und wo immer eine Stelle in deinem Körper ist, die vielleicht etwas weh tut, die möglicherweise etwas angespannt ist oder gesundheitlich gefährdet, dahin kannst du eine Extraportion der Wärme senden. Wenn du ausatmest durch den Mund, dann kannst du dir vorstellen, daß du den Streß des Lebens hinausschickst wie eine dunkle Wolke, die unter dem hellen Licht der Sonne unmittelbar verdampft. Spannungen und Zweifel verschwinden im Licht der Sonne.

Nun gib auch deinem Bauch etwas Aufmerksamkeit. Spüre die Wärme der Sonne an deinem Hinterkopf, im Nacken und in den Schultern. Laß die Sonne alle Spannungen aus diesen Gebieten wegschmelzen.

Und langsam, langsam wandert die Empfindung der Sonnenwärme deinen ganzen Rücken hinunter, und du liegst auf der Wärme der Sonne wie auf einem großen Heizkissen, das alles Unwohlsein und alle Schmerzen verklingen läßt. Und du kannst selbst entscheiden, wieviel Anspannung du zurückbehalten möchtest.

Spüre die Wärme der Sonne auf deinem Gesäß und auf der Rückseite deiner Schenkel und laß auch deine Kniekehlen und deine Waden genug von dem Sonnenlicht erhalten, so daß du auch an diesen Stellen das Empfinden lockerer Wärme genießen kannst. Schließlich kannst du die Sonnenstrahlen auf deinen Fußsohlen spüren, und laß auch deine Fersen von den vielen geschickten Sonnenstrahlen massiert und verwöhnt werden... Und wahrscheinlich bist du jetzt von Kopf bis Fuß immer lockerer und behaglicher geworden. Du kannst noch ein wenig weiter auf deiner Luftmatratze über das Wasser gleiten, und vor allem kannst du dir diese Sonnenmassage in Zukunft jederzeit wieder gönnen, wenn du das

Bedürfnis nach einer solchen Pause entdeckst. Auch wenn es draußen regnet und stürmt, kannst du in der Landschaft deiner Phantasie die Sonne scheinen und dich verwöhnen lassen.

Nun ist es an der Zeit, daß du dich von diesem schönen Platz verabschiedest und in deinem persönlichen Rhythmus erfrischt und wach wieder hierher zurückkehrst zu unserer Gruppe und zu unserem Vorhaben. Und recke und strecke dich ein wenig und öffne dann die Augen und schau dich ein paarmal hier um.

4 Wie eine Katze

Ziele

Katzen können uns ein gutes Vorbild dafür geben, unserem Körper mehr Aufmerksamkeit zu schenken. Immer wieder sorgt die Katze dafür, daß sie durch Recken und Strecken den Körper geschmeidig und aktionsbereit macht. Mit großer Hingabe pflegt sie ihr Fell und jede noch so schwer zu erreichende Stelle ihres Körpers mit einem untrüglichen Empfinden für die eigene Integrität. Die folgende Aktivität gibt den Teilnehmern die Gelegenheit, etwas von der Sorgsamkeit der Katze auf den Umgang mit dem eigenen Körper zu übertragen.

Anleitung

Wenn wir gesund und glücklich sein wollen, dann brauchen wir nur von Zeit zu Zeit eine Katze zu beobachten. Wir können dann staunen, wie instinktsicher eine Katze für ihr seelisches Gleichgewicht sorgt, wie sie sich Streicheleinheiten dann verschafft, wenn ihr danach zumute ist, wie gut sie sich abgrenzen kann, wie sie für Alleinsein und Stille sorgt und wie sorgsam sie die Schönheit und Beweglichkeit ihres Körpers pflegt. Auch wir können unsere Intuition häufiger benutzen, um unseren Körper zu beachten und ihm liebevolle Aufmerksamkeit zu schenken. Wenn wir das tun, dann können wir von Tag zu Tag ein positiveres Körperbild entwickeln. Wir können unseren Körper besser unterstützen bei seinen vielen Aufgaben, und er wird es uns danken durch eine bessere Gesundheit und ein schnelleres Überstehen gesundheitlicher Krisen.

Ich möchte euch eine Möglichkeit zeigen, wie ihr etwas von der Aufmerksamkeit der Katze für den eigenen Körper übernehmen könnt.

Setz dich bequem auf den Boden oder auf deinen Stuhl und schließ die Augen. Geh mit deiner Aufmerksamkeit nach innen und achte eine Weile auf deinen Atem... Spüre das Gewicht deines Körpers auf dem Boden... und bemerke die unterschiedlichen Empfindungen in den verschiedenen Körperteilen. Und nun laß deine Aufmerksamkeit zu dem Teil deines Körpers wandern, der deine Aufmerksamkeit sozusagen magnetisch anzieht oder der auf irgendeine andere Weise deine Aufmerksamkeit fordert. Bleibe bei dem Teil deines Körpers, der sich zuallererst meldet. Lege eine oder beide Hände dorthin und stell dir vor, daß du beim Einatmen auch in diesen Teil Atem schickst. Und während du das weiter tust, kannst du diesen Teil näher erforschen. Welche Körperempfindungen kannst du dort feststellen?

Welche gefühlsmäßigen Reaktionen sind mit diesem Teil deines Körpers verbunden?

Fallen dir irgendwelche Erinnerungen ein im Zusammenhang mit diesem Teil deines Körpers?

Gibt es irgendeine spezifische Geschichte dieses Körperteiles, z.B. eine Geschichte mit Krankheiten, Verletzungen, Heilung usw.?

Welche Farben assoziierst du mit diesem Teil?

Welche Klänge assoziierst du mit diesem Körperteil?

Und wenn du deine Aufmerksamkeit noch etwas tiefer gehen läßt, welches Symbol oder Bild findest du in diesem Körperteil?

Fallen dir irgendwelche Worte oder Sätze ein im Zusammenhang mit diesem Körperteil?

Bewege alle diese Möglichkeiten eine Weile in deinem Geist. (2–3 Min.) Und nun kannst du dir diese Frage stellen: Was benötigt dieser Teil meines Körpers? Was sagt er mir? Was kann er mich lehren?

Wie kann ich diesem Körperteil geben, was er braucht? Muß ich im Alltag mein Verhalten ändern, um die Interessen dieses Körperteils besser zu berücksichtigen? Ist es wichtig, wenn ich meine innere Einstellung zu diesem Teil meines Körpers verändere?

Laß dir ein wenig Zeit, um Antworten auf diese Fragen zu finden. (2–3 Min.)

Und wenn du bereit bist, kannst du langsam die Augen öffnen und mit deiner Aufmerksamkeit hierher zurückkommen, damit wir uns darüber austauschen können.

5 Der fliegende Teppich

Ziele

Wir benutzen hier eine uns aus dem Märchen geläufige Vorstellung, um das Empfinden ruhiger Beweglichkeit des Geistes zu fördern und um alte Verspannungen und das Gefühl der Erschöpfung aufzuheben.

Anleitung

Wer als Kind gern Märchen gehört oder gelesen hat, kann das folgende Experiment benutzen, um den Streß des Lebens auf jenes Maß zurückzuführen, das wir als anregend bezeichnen können.

Am besten legst du dich bequem auf den Boden und schließt deine Augen. Mach es dir möglichst behaglich und achte zunächst auf deinen Atem. Allmählich kannst du anfangen, etwas tiefer als gewöhnlich zu atmen, wie du es wahrscheinlich ganz automatisch tust, wenn du auf einem Ausflug die Kabine deines Wagens verläßt und plötzlich feststellst, daß die Luft in Wald und Wiese so überwältigend frisch und unwiderstehlich lebendig riecht. Und während du in deiner Phantasie Zug um Zug tief einatmest, frische Waldluft oder die frische Luft des Meeres oder einer gerade gemähten Wiese oder was dir sonst verlockend erscheint, kannst du spüren, wie dein ganzer Körper mit jedem Atemzug entspannter und ruhiger wird. Und du kannst wie auf einer Wanderung durch die Natur deine Aufmerksamkeit über deinen Körper wandern lassen von Kopf bis Fuß, und wenn du eine Stelle findest, die sich unbehaglich fühlt, dann kannst du dir vorstellen, daß du eine Extraportion deines Atems dorthin schickst. (1–2 Min.)

Nun stell dir vor, daß es ein schöner Frühlingstag ist, und du bist draußen in der Natur. Die Sonne scheint und wärmt dir Arme und Hände, Füße und Beine, deinen Bauch, deinen Rücken, dein Gesicht. Du spürst innere Ruhe und Wohlbehagen in einem Maße, wie es zu dir paßt.

Und du kannst dir vorstellen, daß du auf einem Zauberteppich liegst, auf dem du überallhin reisen kannst, ganz wie dir der Sinn steht. Laß dir einen Augenblick Zeit, dir vorzustellen, wie der Teppich aussehen soll,

KAPITEL 1: LOCKER LASSEN

einfarbig oder gemustert, Material und Fransen ganz nach deinem Geschmack. Und du kannst das Gefühl haben, daß du in dieser Situation ganz allein bestimmst und daß du dich sicher und friedlich fühlen kannst. Niemand ist da, der dich ablenken könnte oder der irgendwelche Forderungen an dich stellt. Und du kannst noch tiefer in diesen Zustand der Entspannung gleiten und das Empfinden völliger Ruhe und Heiterkeit genießen. Du kannst dich diesem Gefühl des Schwebens anvertrauen, wie du es empfindest, wenn du an einem wunderschönen warmen Sommertag auf einer Luftmatratze auf einem kleinen warmen See dahingleitest.

Du kannst spüren, wie du tiefer und tiefer in dieses Gefühl hineingleitest, locker und schwebend. Und dieses Gefühl des Schwebens ist überraschend angenehm. Und es verstärkt sich, wenn dein Zauberteppich langsam vom Boden abhebt und auf die Reise geht. Du fühlst dich ganz sicher auf deinem Untergrund, und zunächst steigt dein Zauberteppich nur wenige Zentimeter in die Höhe, und du konzentrierst dich ganz auf die Empfindung des sanften Schwebens. Das ist ein so friedliches Erlebnis, so daß du dich noch weiter und tiefer entspannen kannst. Gleich kannst du deinen fliegenden Teppich mit deinen eigenen Wünschen steuern und so hoch fliegen, wie du möchtest. Du kannst Geschwindigkeit und Höhe deines Zauberteppichs selbst kontrollieren.

Wenn du willst, kannst du hinabschauen. Du kannst dich umsehen und Wolken und Himmel betrachten und dabei völlig ruhig und entspannt bleiben. Und es steht dir frei, überall hinzufliegen, wohin immer du willst. Wenn dir danach zumute ist, kannst du auch experimentieren, manchmal schneller und manchmal langsamer zu fliegen, manchmal nach oben zu steigen und dann wieder hinabzusinken. Vielleicht möchtest du irgendeinen exotischen Platz besuchen, oder du möchtest deine alltägliche Umgebung aus einer anderen Perspektive sehen. Bestimme den Flug deines Zauberteppichs selbst. Spüre die warme Luft, die sanft um dich herumfließt, auch wenn du einmal sehr schnell fliegen solltest. Und die warmen Sonnenstrahlen geben dir zusätzlich eine angenehme Massage. Während du ein paar Minuten ganz normaler Uhrzeit herumfliegst, kann dir das sehr viel länger erscheinen. Und du kannst alle alltäglichen Sorgen und Gedanken zurücklassen, um diese besondere Erlebnisperspektive zu erproben. Mit deinem Zauberteppich fliegst du frei wie ein Vogel... (2–3 Min.)

Und nun kannst du daran denken, an deinen Ausgangspunkt zurückzukehren. Laß deinen Zauberteppich langsam hinabsinken, so daß du diese

KAPITEL 1: LOCKER LASSEN

besonderen Gefühle von Ruhe und Entspannung von deiner Reise mitbringen kannst. Wenn der Teppich wieder gelandet ist, kannst du dich von ihm verabschieden, dich vielleicht schon für einen nächsten Flug verabreden.

Recke und strecke dich ein wenig und komm mit deiner Aufmerksamkeit zu uns zurück. Mit geöffneten Augen kannst du einen neuen tiefen Atemzug tun und die Welt wieder frisch betrachten.

Am Strand   6

Ziele

Die Vorstellung, am Ufer des Meeres zu stehen, bietet vielen Teilnehmern eine günstige Voraussetzung zur Entspannung. Sie lädt das Unbewußte dazu ein, sich ebenfalls in eine Balance zu bringen, vielleicht angeregt durch das Wissen um den gleichmäßigen Wechsel von Ebbe und Flut.

Anleitung

Wer seinen Urlaub gelegentlich an der See verbringt, der hat schon erlebt, wie beruhigend es ist, daß die Fluten des Meeres in einem schönen Wechsel einmal höher, einmal tiefer den Strand bespülen. Manchmal genießen wir besonders das Herannahen der Flut. Dies kann uns daran erinnern, daß es auch in unserem Leben Zeiten der Fülle gibt, wo neue Dinge auf uns zukommen, wo wir das Empfinden haben, daß alles frisch und reichlich vorhanden ist. Zu anderen Zeiten inspiriert uns vielleicht besonders das ablaufende Wasser der Ebbe. Wir fühlen uns daran erinnert, daß auch in unserem Leben die Zeiten der Belastung vergehen; daß wir Augenblicke der Muße genießen können, in denen wir alles von uns abfallen lassen können, wo aller Streß, alle Unruhe wegfließen.

Und ich möchte euch einladen, in eurer Phantasie an irgendeinen schönen Strand am Meer zu gehen und dort eine anregende Pause zu genießen. Setzt euch bequem hin und schließt die Augen...

Hol ein paarmal tief Atem und gestatte deinem Körper, immer lockerer, immer behaglicher zu werden. Stell dir vor, daß die Sonne warm vom Himmel scheint und daß all die vielen Sonnenstrahlen deine Haut sanft massieren. Du gehst den Strand entlang, ungefähr dort, wo die Wasserlinie ist. Manchmal spürst du mit deinen Fußsohlen den feinen, warmen, trockenen Sand und manchmal den etwas kühleren, feuchten Sand, den das Wasser erreicht hat. Manchmal spürst du, wie das Wasser einer größeren Welle sanft um deine Füße herumfließt, gerade bis zu deinen Knöcheln. Vielleicht kannst du es genießen, daß jede deiner Zehen,

KAPITEL 1: LOCKER LASSEN

daß deine Ferse und deine gesamte Fußsohle einen so intensiven Kontakt zum Boden hat, zu all den unendlich vielen Sandkörnchen, die beweglich und nachgiebig deinen Füßen Platz machen. Und in der Ferne kannst du hören, wie die Möwen einander zurufen. Der Wind riecht nach Salz und gibt dir ein Gefühl von zunehmender Frische.

Etwas vor dir erkennst du, halbbedeckt vom feinen Sand, irgendeinen Gegenstand mit leuchtenden Farben. Neugierig gehst du darauf zu und hebst ihn auf. Jetzt kannst du sehen, daß es ein Wasserball ist, ein großer, runder, vielfarbiger Wasserball. Du bekommst Lust, mit dem Ball zu spielen. Du wirfst ihn hoch in die Luft und fängst ihn wieder auf. Jedesmal, wenn du den Ball nach oben wirfst, steigt er höher auf, und du kannst dich mehr und mehr entspannt fühlen...

Du wirfst den Ball wieder nach oben, du schaust ihm nach und siehst, wie die bunten Farben in der Sonne glänzen. Du kannst bemerken, wie sich der Ball dreht, während er durch die Luft segelt, und wie immer eine neue Farbe für dich aufleuchtet. Und jedesmal, wenn du den Ball wirfst, kannst du tief einatmen. Wenn der Ball herabfällt, in deine Hände, dann atmest du aus... Mach das bitte ein paarmal. (1–2 Min.)

Nun hole wieder ganz tief Luft und wirf den Ball nach oben, hoch, hoch in die Luft, so hoch, daß er in den Wolken verschwindet. Jetzt kannst du dich in den weichen warmen Sand legen und dich noch mehr entspannen. Und je mehr du dich entspannst, desto leichter fühlt sich dein Körper an, entspannter und leichter mit jedem Atemzug. Und du kannst dich sogar so leicht fühlen wie der Wasserball, der unendlich weit in den Himmel aufgestiegen ist. (1 Min.)

Und wenn du dir etwas ganz Besonderes gönnen möchtest, kannst du dir hoch über dem Meer einen Regenbogen in sieben Farben vorstellen. In deiner Phantasie kannst du jede Farbe in einem großen Bogen an den Himmel malen. Und wenn du alle Farben beisammen hast, dann kannst du dich noch behaglicher und zufriedener fühlen. Und du kannst plötzlich wissen, daß du in der Lage bist, dich selbst und die Welt tief zu genießen. Und nun kannst du beginnen, deinen Regenbogen zu malen: rot..., orange..., gelb..., grün..., blau..., indigo..., violett... Während du auf deinen Regenbogen schaust, kann es sogar sein, daß du den Eindruck hast, daß du die leuchtenden Farben nicht nur siehst, sondern daß du in der Lage bist, sie zu hören, zu riechen oder als Berührung auf deinem Körper zu spüren. Die Konzentration auf dieses Farbspektrum gibt dir die innere Gewißheit, wieviel Kraft du gewinnen kannst und innere Klarheit, wenn du es dir gestattest, ganz dazusein in der Gegenwart. (1–2 Min.)

KAPITEL 1: LOCKER LASSEN

Vielleicht hast du Lust, dein Unbewußtes einzuladen, darüber nachzudenken, wie sich dein Leben ändern kann, wenn du Fortschritte machst in der Kunst, Kraft aus dem Augenblick zu gewinnen.

Laß dir noch etwas Zeit, all diese Eindrücke vom Strand in deinem Gedächtnis zu verstauen. Dann kannst du diesem Platz Adieu sagen und langsam hierher zurückkehren. Recke und strecke dich etwas, öffne die Augen und sei wieder hier, erfrischt und wach.

☆ ☆ ☆

7 Ruhe finden

Ziele

Dies ist eine ganz klassische Möglichkeit, den Streß des Lebens unter Kontrolle zu bringen. Die Teilnehmer können lernen, ihre Aufmerksamkeit neu zu ordnen und Themen und Gedanken, die eine Zeitlang in den Hintergrund treten sollen, wirklich loszulassen.

Anleitung

Wenn wir das Gefühl haben, daß wir eine Erholungspause brauchen, dann ist es gut, wenn wir dabei auch geistig „abschalten" können. Wir können dann die Dinge, die uns intensiv beschäftigen, eine Zeitlang unserem Unbewußten überlassen, um unsere Erholungspause vollständig genießen zu können: daß wir da sind, daß wir atmen, daß wir Körper und Geist ausruhen lassen. Ich möchte euch einen Weg zeigen, wie ihr das auch später in eigener Regie erreichen könnt.

Setz dich bequem hin, schließe die Augen und beginne wieder mit deinem Atem. Gönne dir 15 oder 20 langsame, gleichmäßige Atemzüge, Atemzüge, die bis tief in deinen Bauch hinein reichen. Und konzentriere deine Aufmerksamkeit auf deine Atmung. Bemerke, wie dein Atem kommt und geht und wie du dabei schon ein wenig entspannter und innerlich aufgeräumter wirst. (1–2 Min.)

Und nun kannst du dir vorstellen, daß du selbst mitten in deiner Stirn sitzt, gerade zwischen deinen Augenbrauen. In deiner Phantasie kannst du dir vorstellen, daß du auf einem schönen weichen Teppich sitzt, vielleicht in der Lotusposition oder wie immer es für dich angenehm ist.

In dieser Position wirst du zum Beobachter. Du kannst alle angespannten Stellen in deinem Körper bemerken. Und wenn du einen Platz findest, der sich angespannt oder müde oder irgendwie unbehaglich anfühlt, dann kannst du beim Ausatmen deinen warmen Atem dahin schicken.

Darüber hinaus kannst du all deine Muskeln anspannen und dann wieder locker lassen. Du kannst bemerken, daß deine Muskeln viel weicher werden, wenn du sie vorher angespannt hast... (1 Min.)

KAPITEL 1: LOCKER LASSEN

Nun kannst du als der Beobachter darauf achten, was deine Gefühle machen. Kannst du Gefühle bemerken, die deinen Körper irgendwie eng oder angespannt machen, wie z. B. Furcht oder Ärger, Eifersucht, Neid oder Rachegefühle? Bemerke auch, welche Plätze in deinem Körper durch ärgerliche oder ängstliche Gefühle betroffen sind. Dann kannst du deinen Atem benutzen, diese Gefühle loszulassen. Wenn du ausatmest, kannst du in deiner Phantasie sehen, wie du diese negativen Gefühle aus dem Körper hinausbläst. Wenn es dir hilft, kannst du ihnen eine Farbe geben. Vielleicht möchtest du Grau für ängstliche Gefühle benutzen, Rot für Ärger, galliges Grün für Neid usw. Und wenn du einatmest, kannst du weißes oder goldenes Licht einatmen und dann locker lassen.

Von der Position des Beobachters kannst du nun auf die Gedanken achten, die dir durch den Kopf gehen. Schieb sie bitte nicht gewaltsam weg. Triff ganz einfach die Entscheidung, ihnen nicht zu folgen. Ganz sanft kannst du deine Gedanken beobachten, wie sie kommen und gehen; vielleicht so, wie du Kindern zuschauen würdest, die auf einem Spielplatz in ihre Beschäftigungen vertieft sind. Wenn ein bestimmter Gedanke immer wieder deine Aufmerksamkeit verlangt, dann kannst du ihn sanft wegatmen und deine Aufmerksamkeit auf das Kommen und Gehen deines Atems konzentrieren. Und wenn der nächste Gedanke kommt, kannst du dasselbe tun. Es ist viel wirksamer für uns, wenn wir darauf verzichten, unsere Gedanken zu bekämpfen, und statt dessen einfach andere Dinge beobachten. Unsere Gedanken ordnen sich dann von selbst und wandern von alleine in den Hintergrund, um sich erst dann wieder zu melden, wenn es passend ist. (1–2 Min.)

Nun kannst du dir vorstellen, daß du in deinen Fingern und in deinen Zehen winzige Öffnungen hast. Durch diese Öffnungen kann alles hinausfließen, was angespannt und eng ist. Laß alles einfach hinausfließen. Und wenn du ausatmest, kannst du dich selbst immer leerer machen... (1 Min.)

Und vielleicht ist es jetzt eine gute Idee, wenn du alle diese feinen Öffnungen wieder verschließt und dich beim Einatmen mit hellem, reinen Licht anfüllst. Laß das Licht überall hin in deinen Körper strömen, in Arme, Beine, Bauch, Brust und Kopf...

Und wenn du dich mit diesem angenehmen, warmen Licht angefüllt hast, dann kannst du dich noch eine Weile ausruhen und deinem Körper und deinem Geist eine Pause gönnen, im Bewußtsein, daß du darüber entscheiden kannst, wann Körper und Geist für dich arbeiten sollen und wann sie von ihrer Arbeit ausruhen dürfen. (1 Min.)

KAPITEL 1: LOCKER LASSEN

Und während du diesen besonderen entspannten Zustand noch ein wenig genießt, kannst du deinen unbewußten Geist dazu einladen, dir auch in Zukunft behilflich zu sein, immer wieder die Position des Beobachters einzunehmen, um in der Bewegung deines Lebens Ruhe zu finden und Konzentration und Ansatzpunkte für neue, gute Entscheidungen.

Und nun kannst du langsam mit deiner Aufmerksamkeit hierher zurückkehren, dich recken und strecken, die Augen öffnen und dich hier im Raum neu orientieren.

☆ ☆ ☆

Himmel – Erde   8

Ziele

Dies ist eine schöne Möglichkeit für Ihre Teilnehmer, sich zu entspannen, den Energiefluß im Körper neu auszubalancieren und Kraft zu schöpfen.

(Es ist empfehlenswert, wenn Sie dabei einen Kassettenrecorder benutzen und eine passende Meditationsmusik spielen, z. B. „Celebration" von Deuter; Kuckuck Records, München, Kassette MC 040).

Anleitung

Ich möchte euch zu einer Entspannungsübung einladen, die an eine Erfahrung anknüpft, die ihr sehr früh in eurem Leben gemacht habt. Irgendwo in eurem Unbewußten habt ihr die Erinnerung daran, wie angenehm es für euch war, als ganz kleines Kind auf dem Rücken oder auf dem Bauch zu liegen und euch dabei nur so zu bewegen, wie es zu eurer Neugier oder zu eurer Müdigkeit paßte. Und dann kam irgendwann die Lust, daß ihr euch aufrichten wolltet, um zu stehen oder um die ersten Schritte zu machen. Das war ein wirklich erhebendes Gefühl, auf den eigenen Beinen zu stehen und von einer erhöhten Position in die Welt zu sehen und die Hände dabei frei zu haben.

Genau so schön war es für das kleine Kind, dann auch wieder den Gesetzen der Schwerkraft zu folgen und auf den Boden zurückzukehren, entspannt zu liegen oder zu sitzen. Ihr könnt gleich mit diesen verschiedenen Positionen experimentieren, die wir auch als Erwachsene immer wieder einnehmen müssen. Und vielleicht werdet ihr bemerken, daß ihr viel stärker von der Erde angezogen werdet als vom Himmel, daß euer Körper gern längere Zeit am Boden bleibt, während es sich mühsam anfühlt, wenn ihr euch aufrichten wollt. Und es ist oft so, daß wir uns dazu zwingen, aufrecht zu stehen, wenn uns eigentlich danach zumute ist, uns niederzulegen; daß wir uns oft antreiben in Situationen, in denen wir eigentlich eine Pause verdient haben. In diesem Experiment könnt ihr euer Bedürfnis respektieren, nachzugeben und auszuruhen. Ihr könnt los-

KAPITEL 1: LOCKER LASSEN

lassen und ausprobieren, wie es ist, wenn ihr euch nicht anspannt. Laßt euren Körper bestimmen, was sich am besten anfühlt; treibt euch nicht an. Und wenn euer Körper bereit ist, dann wird euer Körper von selbst aktiv. Denn wir können immer wieder die Erfahrung machen, daß wir von selbst aktiv werden, daß uns unsere Energie nach oben führt, wenn wir uns zuvor unsere Passivität gestattet haben, physisch und psychisch.

Ich werde gleich eine Musik anstellen, die euch dabei begleiten kann. Ich selbst werde euch mit meiner Stimme durch die verschiedenen Teile dieses Experiments führen... Zieht nun bitte die Schuhe aus und stellt euch bequem hin, die Beine leicht gespreizt, die Fußsohlen fest auf dem Boden... Bemerkt, wie die Schwerkraft an eurem Körper zieht, wie sie eure Arme und Finger nach unten zieht. Bemerkt auch, wie der Kopf auf eurem Nacken und auf euren Schultern ruht, wie euer Becken das Gewicht des Oberkörpers trägt, ein Wunder der Balance, an dem eure Schenkel, Knie, Unterschenkel und Füße mitwirken. All euer Gewicht ruht auf diesen beiden Füßen. Die Zehen sind vielleicht ein wenig gespreizt, um auf der Erde Halt zu finden. Und die Schwerkraft endet nicht an der Oberfläche der Erde, sondern sie reicht sehr viel tiefer. Gestattet euch in eurer Phantasie, daß Wurzeln aus euren Fußsohlen wachsen, die euch fest in der Erde verankern. Durch die verschiedenen Schichten der Erde, durch Kies und Fels reichen eure Wurzeln weit hinab in den Bauch der Erde aus geschmolzenem Fels und Feuer. Laßt eure Wurzeln immer tiefer hinabwachsen bis zum Mittelpunkt der Erde.

In diesem Zentrum ist Ruhe und Schweigen. Kein Oben und kein Unten. Keine Kraft, die nach irgendeiner Seite zieht. Wenn ihr in eurer Vorstellung dieses Zentrum berührt habt, dann könnt ihr eurem Körper gestatten, der Schwerkraft der Erde nachzugeben, ganz, ganz langsam, ganz, ganz sanft. Zuerst könnt ihr ganz leicht nachgeben in den Knien und in den Schultern. Und seid euch dabei bewußt, daß es Hunderte von Muskeln sind, die gelernt haben, wie sie euren Körper aufrechthalten. So viele Muskeln beginnen jetzt, langsam loszulassen, so daß es scheinen könnte, als ob gar nichts passiert.

Gib dir selbst Zeit, diesen Vorgang zu spüren, und erforsche, wie es sich anfühlt, wenn dein Körper nachgibt. Bemerke all die Plätze in deinem Körper, die jetzt lockerlassen, die sich jetzt entspannen: hinten in deinem Nacken, in den Augen, in deiner Hüfte. Fordere all diese Muskeln auf, loszulassen, und ermutige sie dazu, vor allem jene, die diese Möglichkeit schon ganz vergessen haben.

Ganz, ganz sanft kannst du diesen langsamen Vorgang beginnen, der

KAPITEL 1: LOCKER LASSEN

Erde näher zu kommen. Dein Gesicht läßt locker, sogar deine Augen geben nach und entspannen sich. Deine Knie wiegen sich, deine Hände kommen der Erde näher. Und ganz langsam, ganz sanft kannst du deinen Körper auf den Boden sinken lassen, so als ob die Erde dich mit ihren Armen auffängt. Und du kannst dich deinem Körper anvertrauen, der auf seine ganz besondere Weise locker läßt, und dabei findest du neue Berührungspunkte. Hände, Arme und Knie lassen los und kommen zur Ruhe in der Festigkeit der Erde, im Vertrauen auf ihre Zuverlässigkeit und Stabilität.

Auch wenn du schließlich auf dem Boden liegst, hört das Lockerlassen noch nicht auf. Laß dich schmelzen, tiefer sinken, laß dein Gewicht sich noch ein wenig mehr auf dem Boden verteilen. Und nimm die Schwere und die Lockerheit einer großen zufriedenen Katze an. Keine Anspannung mehr. Und wenn du glaubst, daß du schon die Grenze erreicht hast, dann geh noch ein wenig weiter und laß deinen Atem hinabsinken und gib ihn der Erde. Atme alles aus, dein Herz, deinen Bauch.

Laß ganz locker und gib deinen ganzen Körper weg, uneingeschränkt, großzügig.

Gönne dir diese Ruhe und spüre den Luxus, so entspannt zu sein. Kein Bedürfnis, sich zu bewegen. Kein Bedürfnis zu denken, kein Bedürfnis, irgend etwas zu tun. Nur loslassen in tieferem und tieferem Schweigen. Und laß dich ganz in die Erde einsinken und atme dich hinein in die Erde, wenn du ausatmest und wenn du wieder einatmest, dann atme die Erde in dich hinein, bis du spüren kannst, daß ihr eins seid...

Während du auf der Erde liegst, sei dir bewußt, daß du auf den Körpern von unendlich vielen Pflanzen und Tieren liegst, die auf der Erde gelebt haben und die sich wieder in der Erde aufgelöst haben. Und verbinde dich mit dem unendlichen Bewußtsein der Erde, mit ihrem Frieden und mit ihrem Reichtum. Und genieße das. Empfinde, daß du alle Verantwortlichkeit aufgegeben hast und alle Neugier. Genieße die Dunkelheit.

Laß los, laß ganz los. (2–3 Min.)

Und wie aus dem Ausatmen ganz natürlich das Einatmen folgt, so kommt der Zeitpunkt, wo sich deine Aufmerksamkeit von der Erde unter dir wegwendet zu dem freien Raum über dir. Dieser Raum, dieses Licht fängt an dich zu rufen. Es berührt deinen Rücken ganz sanft und erinnert dich.

Und auch diese Berührung hat eine Kraft und einen Sog. Langsam zieht sie deinen Körper nach oben. Und auch diese Kraft ist stark, so stark wie

KAPITEL 1: LOCKER LASSEN

die Schwerkraft, und du kannst sie die Schwerkraft der Leichtigkeit nennen. Diese Kraft ist ebenfalls um uns herum. Jede Pflanze, jede Blume, jeder Baum besiegt die Schwerkraft und wächst nach oben in den Himmel, in das Licht, in das Universum. Wenn du diese Kraft bemerkst, dann kann sich das anfühlen wie ein leichtes Vibrieren in deiner Wirbelsäule oder wie ein feines Prickeln in deinem Nacken. Vielleicht fühlt es sich so an, als wenn der Himmel ein riesiges Vakuum wäre, das dich sanft ansaugt. Und du kannst dieses feine Ziehen an deinen Halswirbeln im Nacken bemerken. Du kannst dieser Bewegung nach oben folgen und nachgeben. Ohne besondere Anstrengung kannst du deinem Körper erlauben, nach oben zu fließen und nachzugeben. Indem du dich sanft dem offenen Himmel zuwendest, indem ein Muskel nach dem andern antwortet, angetrieben von der Energie des Himmels. Gestatte es dir, nach oben gezogen zu werden, bis du zu einer stehenden oder knieenden Position kommst, ganz wie du möchtest.

Es ist nicht nötig, daß du dein Bewußtsein dabei benutzt oder deine Willenskraft. Folge einfach dem aufwärtsstrebenden Fluß der Energie. Laß dich ganz leicht nach oben ziehen, freudig und ruhig. Laß locker und folge dem Strom, der nach oben steigt. Und laß auch deine Arme langsam nach oben gezogen werden zum Licht, wende dein Gesicht zur Sonne. Wie eine Sonnenblume kannst du dich zum Himmel wenden und die Schwerkraft überwinden. Über dir ist unendliche Freiheit. Über dir ist der endlose Bereich des Lichtes und der Freude. Du kannst das Licht mit deinen Fingerspitzen berühren. Du kannst deine Grenzenlosigkeit, deine Freiheit berühren. Dann sei wie eine Sonnenblume ganz zum Himmel geöffnet. Das Licht, das auf dich herabfließt, strömt wie ein Wasserfall, der sich über deinen Kopf ergießt, über deine Fingerspitzen, über Hände und Arme.

Öffne deinen Körper dem Licht und lade es auch nach innen ein: Licht, das du mit jedem Atemzug zu dir hereinholst, so daß es in deine Kehle strömt und dein Herz füllt, deinen Bauch und deine Beine. Nimm soviel Licht auf, wie du halten kannst, und nähre dich mit dem Licht des Himmels, bis du ganz voll bist und zufrieden. Und dann, schwer von all dem Licht, das du aufgenommen hast, kannst du wieder deinem eigenen Gewicht nachgeben und dem Gesetz der Schwerkraft. Deine Arme fangen an, sich schwer zu fühlen. Laß sie langsam los und herabsinken...

Mach dich bereit, all das Licht und die Kraft, die du von oben erhalten hast, zurückzugeben in die Dunkelheit der Erde. Halte nicht fest, was du erhalten hast. Gieß es aus, zurück in die Erde, mach dich erneut leer.

KAPITEL 1: LOCKER LASSEN

Nun kannst du dem Rhythmus deines Körpers folgen und zwischen Himmel und Erde hin- und hergehen. Wie ein Gefäß bist du einmal voll, einmal leer. Und es bleiben die Gezeiten von Licht und Dunkelheit, die dich bewegen, in ihrer eigenen Geschwindigkeit, in ihrem eigenen Rhythmus. (3–5 Min.)

Und nun ist es Zeit zurückzukommen. Sag Himmel und Erde Adieu und öffne die Augen. Sei wieder bereit und wach.

☆ ☆ ☆

Kapitel 2

Zauber atem

9 Licht atmen

Ziele

Manchmal haben wir den Eindruck, daß wir etwas atemlos sind. Zu viele Projekte, ein zu hohes Tempo und beide Füße in der Zukunft. All das läßt uns flach und unbefriedigend atmen. Mit einem flachen Atem verlieren wir viel von unserem Kontakt zum Körper. Wir werden irritierbar und manipulierbar. Die meisten Aktivitäten unseres Lebens können wir effizienter und kreativer durchführen, wenn wir uns gestatten, dabei richtig zu atmen.

Als Gruppenleiter können wir die Qualität der Arbeit wesentlich verbessern, wenn wir unsere Teilnehmer immer wieder dazu anregen, tief und erfrischend zu atmen, so wie wir es als kleine Kinder praktiziert haben. In dem folgenden Experiment können die Teilnehmer üben, tief zu atmen und sich geistig und körperlich zu entspannen und zu erfrischen.

Anleitung

Wahrscheinlich geht es jedem von euch so: Von Zeit zu Zeit bemerken wir plötzlich, daß wir flach atmen. Und dann atmen wir ganz bewußt ein paarmal tiefer, um uns mit einer Extraportion Sauerstoff zu verwöhnen und zu erfrischen. Jeder hat vermutlich auch schon beobachten können, daß Menschen, die anfangen, intensiv nachzudenken, ihre Atmung tiefer werden lassen, ganz automatisch. Und eine Gruppe, die gut eingestellt ist auf ein und denselben Gedanken oder die gemeinsam die Lösung für irgendeine Schwierigkeit zu finden sucht, atmet synchron. Und von Zeit zu Zeit kann es sehr aufschlußreich sein, wenn wir uns selbst oder andere beim Atmen beobachten. Ihr könnt gleich damit beginnen.

Setz dich bequem hin und schließ deine Augen. Halte den Rücken ganz gerade, beide Fußsohlen flach auf den Boden gestellt. Konzentriere deine Aufmerksamkeit auf deinen Atem und laß alle Gedanken und Überlegungen für eine Weile in den Hintergrund treten. Wenn irgendein Gedanke zurückkehrt, dann laß ihn ein wenig verweilen und konzentriere dich einfach erneut auf deinen Atem. Spüre den Rhythmus deiner Atemzüge und

KAPITEL 2: ZAUBERATEM

sei deinem Atem dankbar, daß er so automatisch funktioniert, auch wenn du oft gar nicht an ihn denkst. Sei dankbar für jeden lebenserhaltenden Atemzug. Und während du dich dabei Zug um Zug entspannen kannst, kannst du dir eine Lichtblase vorstellen, die vor dem oberen Teil deines Gesichtes schwebt, gerade vor deiner Nase. Und du kannst dir aussuchen, welche Farbe diese Lichtblase haben soll. Weiß oder eine Mischung aus allen Farben des Regenbogens oder nur eine einzelne Farbe, lavendel, blau, grün, gelb, orange oder hellrot.

Und stell dir weiter vor, daß vor dem unteren Teil deines Gesichtes eine zweite Lichtblase schwebt, gerade vor deinem Mund. Das Licht ist hellweiß. Und wenn du gleich durch deine Nase einatmest, kannst du dich auf die obere Lichtblase konzentrieren. Und atme dieses Licht ein, dessen Farbe du vorher selbst bestimmt hast. Gib dir Zeit, langsam und tief einzuatmen. Und laß den frischen Sauerstoff zunächst in deine Lunge gelangen und von dort überallhin in deinen Körper. Und stell dir vor, wie dieses farbige Licht, das du einatmest, überall in deinem Körper verteilt wird bis in die feinsten Verästelungen. Und wenn es irgendwo ein Gebiet des Körpers gibt, das sich besonders verspannt anfühlt, dann kannst du dorthin eine Extraportion farbigen Lichtes fließen lassen.

Ausatmen kannst du durch deinen Mund, und du kannst die Luft in diese zweite Blase strömen lassen mit dem weißen Licht. Und mit jedem Atemzug fließt etwas von deiner Anspannung oder deiner Frustration oder etwas von körperlichen oder seelischen Schmerzen hinaus. Und du kannst dir vorstellen, daß die Luft, die du ausatmest, wie grauer Rauch aussieht oder vielleicht sogar schwarz. Je mehr Streß du ausatmest, desto dunkler die Farbe der verbrauchten Luft. Und du atmest all die verbrauchte Luft in die untere Blase mit dem weißen Licht.

Und dabei kannst du etwas Erstaunliches beobachten. Das weiße Licht wirkt wie ein Katalysator. All die dunklen Streßpartikel werden augenblicklich umgewandelt in helles, strahlendes Licht. Allmählich kannst du dich an diesen Rhythmus gewöhnen, farbiges Licht einzuatmen und graues oder braunes oder schwarzes Licht so lange auszuatmen, bis die Luft, die aus deinem Mund kommt, hell und klar ist. Und mit jedem Atemzug kannst du dich ein wenig frischer und lockerer fühlen. Und du kannst dir sagen, daß du bei diesem tiefen, bewußten Atmen nicht nur frische Luft in deine Lungen atmest, sondern daß du Frische in dein ganzes Leben bringst.

Du kannst dann dieses Gefühl der Dankbarkeit erneuern, daß du ohne Schwierigkeiten atmen kannst. Wann immer du das Gefühl hast, daß dein

KAPITEL 2: ZAUBERATEM

Leben atemlos wird, kannst du zu diesem Experiment zurückkehren. Laß dir nun eine Weile Zeit der Regeneration und des tiefen Atmens, und wenn die Luft, die du ausatmest, hell geworden ist, dann kannst du mit deiner Aufmerksamkeit wieder hierher zurückkommen, die Augen öffnen, dich umsehen und schauen, wer sich ebenfalls schon ausreichend regeneriert hat.

☆ ☆ ☆

Synchron atmen 10

Ziele

Babys atmen ganz automatisch mit dem vollen Lungenvolumen, das ihnen zur Verfügung steht. Wir erinnern die Teilnehmer daran, daß ihnen diese ideale Atemmöglichkeit ebenfalls zur Verfügung steht.

Anleitung

Am Anfang unseres Lebens steht unser erster Atemzug, und wir müssen nicht darüber nachdenken – wir fangen einfach an zu atmen. Leben und atmen, das ist für uns am Anfang ein und dasselbe. Wir werden geboren, und wir ziehen die Luft in unsere kleinen Lungen. Und dann: das Zwerchfell dehnt sich aus, unsere kleinen Rippen wölben sich nach außen, unsere Brust hebt sich, und dabei füllen sich unsere Lungen von den Spitzen ganz unten bis ganz nach oben. Und ebenso vollständig atmen wir dann wieder aus. Das Zwerchfell wird flach, die Rippen senken sich und kommen wieder zusammen. Die Brust wird flacher. Und dann haben wir unsere ersten Töne ausprobiert. Wir haben gekräht oder geschrien oder geschluchzt, was immer damals unsere erste gefühlsmäßige Reaktion auf unseren Eintritt in die Welt war. Wir waren lebendig, wir atmeten, wir waren da. Und vermutlich war unsere Mutter erleichtert und glücklich, daß ihr Kind diesen ersten wichtigen Schritt geschafft hatte.

Ihr wißt alle, daß im Laufe der Zeit unser Atem in vielen Situationen flacher wird. Wir fühlen uns nicht mehr so entspannt und so spontan wie ein Baby, und wir drücken auch unsere Gefühle nicht mehr so ungehemmt aus. Zum Glück haben wir aber auch heute noch die Fähigkeit, so zu atmen wie ein Baby oder wie ein kleines Tier, und unsere Phantasie kann uns dabei helfen.

Schließt die Augen und setzt euch bequem hin, beide Füße flach auf den Boden und den Rücken gerade aufgerichtet.

Stell dir vor, daß vor dir auf einem großen weichen Kissen irgendein Säugling liegt oder ein kleines Tier. Such dir aus, was dir im Augenblick am passendsten erscheint. Betrachte dieses kleine Wesen, das noch nicht sehr viel vermag, das aber unbestreitbar gut und vollständig atmen kann und bei Bedarf mit den verschiedensten Tönen mit der Mutter kommuniziert. Und vielleicht staunst du einen Augenblick, daß diese Atmung so automatisch funktioniert, um das kleine Wesen mit genau der richtigen Dosis Sauerstoff zu versorgen. Und im Hintergrund deines Geistes kannst du dir alle möglichen Assoziationen zu diesem Bild erlauben, die sich von selbst einstellen. Ich möchte, daß du dein Bewußtsein darauf konzentrierst, allmählich deinen eigenen Atem mit dem Atemrhythmus dieses kleinen Wesens zu synchronisieren. Und je mehr dir das gelingt und je länger du das tust, desto leichter wirst du feststellen, daß dieses kleine Wesen in deiner Phantasie irgendwie darauf reagiert. Laß dir eine Weile Zeit, in dieser Weise zu atmen, ähnlich vollständig und erfrischend, wie du es bei dem kleinen Wesen in deiner Phantasie erlebst. (2–3 Min.)

Und nun komm mit deiner Aufmerksamkeit zurück. Sag deinem kleinen Atemvorbild Adieu, öffne die Augen und sei wieder hier, erfrischt und wach.

☆ ☆ ☆

Mit den Augen atmen 11

Ziele

Hier lernen die Teilnehmer, schnell und wirksam die Muskulatur um die Augen zu entspannen. Gerade nach längerer Arbeit mit den Augen ist dies eine schöne Möglichkeit, sich zu regenerieren.

Anleitung

Ich möchte euch zeigen, wie ihr jetzt und zu allen Gelegenheiten, bei denen sich eure Augen angestrengt oder müde fühlen, etwas für euch selbst tun könnt.

Setz dich bequem hin, die Füße flach auf den Boden gestellt und den Rücken ganz gerade. Beginne langsam und gleichmäßig zu atmen... Laß deine Augen dabei herumwandern und finde heraus, welche Farben ihnen im Augenblick besonders guttun. Ab und zu kannst du beim Ausatmen laut und erleichternd seufzen. (1 Min.)

Und nun stell dir vor, daß du durch die Augen einatmest und durch den Mund die verbrauchte Luft wieder hinausläßt. Und während du in deiner Phantasie die Luft durch die Augen hereinholst, kannst du dir vorstellen, wie die Augen mit jedem Atemzug lockerer werden und entspannter, daß sie all den Streß und die Anstrengung, die sich in ihnen angesammelt haben, an den Atem abgeben...

Und du kannst auch ausprobieren, wie das ist, wenn du Farben mit deinen Augen einatmest. Probiere ruhig verschiedene Farben aus, die du hier im Raum siehst, und bleibe dann eine Weile bei der Farbe, die deinen Augen besonders wohltut. Und spüre der wohltuenden Wirkung dieser Farbe auf deinen Kopf ein wenig nach. Laß dir dafür ein paar Minuten Zeit. (2–3 Min.)

Nun komm bitte mit deiner Aufmerksamkeit zurück. Öffne die Augen und sieh dich ein paarmal hier im Raum um.

☆ ☆ ☆

12 Tiefer und tiefer

Ziele

Hier benutzen wir ein schönes Bild, um die Teilnehmer zu animieren, ihren Atem zu genießen und allmählich zu vertiefen.

Anleitung

Ich werde euch einen Weg zeigen, wie ihr euren Atem tiefer und vollständiger machen könnt, so daß ihr dabei ein sehr angenehmes, ruhiges und völlig selbstsicheres Gefühl entwickeln werdet.

Setz dich bequem hin, die Füße flach auf den Boden und den Rücken ganz gerade. Schließe bitte die Augen und stell dir vor, daß vor dir an einer Wand ein großer Bogen weißes Papier befestigt ist. Und stell dir weiter vor, daß an deinem Atem ein Bleistift befestigt ist. Und wenn du durch die Nase einatmest, dann malt dieser Bleistift eine Linie nach oben, und wenn du durch den Mund ausatmest, malt der Bleistift eine Linie nach unten. Und du kannst gleich beginnen, auf diese Weise zu atmen, und vielleicht startest du mit verhältnismäßig kurzen Linien, und ganz wie dir zumute ist, kannst du damit experimentieren, diese Linien länger oder auch wieder kürzer werden zu lassen. Wenn du Lust hast, kannst du auch probieren, farbige Linien zu malen, und du kannst dir dazu Ölkreiden vorstellen, die an deinem Atem befestigt sind, und wenn du sehr neugierig bist, kannst du dir auch vorstellen, daß du mit einem richtigen Pinsel malst, der viel breitere Linien produzieren kann. Und male deine Linien von links nach rechts, und wenn ein Blatt voll ist, dann ersetze in deiner Phantasie den bemalten Bogen durch einen neuen. Und wenn du gleich in dieser Weise experimentierst, kannst du dich überraschen lassen, welche interessanten Wechselwirkungen stattfinden zwischen deinem Atem und dem Bild, das du dir vorstellst. (2 Min.)

Nun komm mit deiner Aufmerksamkeit bitte zurück, öffne die Augen, sei wieder klar, erfrischt und wach.

☆ ☆ ☆

Atembild 13

Ziele

Diese schöne, poetische Atemphantasie hilft den Teilnehmern, ihre Atmung tiefer und ruhiger zu machen und ihren Kopf klarer.

Anleitung

Meist machen wir den Fehler, daß wir eine etwas technische Einstellung zu unserer Atmung entwickeln. Wir gehen noch gerade soweit, daß wir uns für saubere Luft einsetzen und daß wir Filter in Schornsteinen und Katalysatoren in den Autos für wichtige Erfindungen halten. Aber wir übersehen, daß unsere Atmung ein Wunderwerk der Natur ist, etwas, was wir jederzeit genießen und bestaunen können, so wie wir uns vielleicht freuen, wenn wir im Frühling den ersten Schmetterling durch die Luft segeln sehen. Und ich möchte euch zeigen, wie jeder von euch die Poesie und die Schönheit des eigenen Atems entdecken kann.

Setz dich bequem hin, stell die Füße flach auf den Boden und richte deinen Rücken gerade auf. Schließe die Augen und stell dir vor, daß du in einem Maleratelier sitzt. Um dich herum stehen all die Regale mit den verschiedenen Papiersorten mit halbfertigen Bildern, Farbtöpfen und Pinseln aller Art. Und vor dir steht eine hölzerne Staffelei, mit einem großen Bogen Papier oder mit einer Leinwand bespannt. Und du kannst dir vorstellen, daß du beim Ausatmen farbige Luft aus dem Mund strömen läßt, und du kannst mit deinen Lippen diesen Farbstrahl feiner oder breiter werden lassen, wie du es gebrauchen kannst. Zur Probe kannst du damit beginnen, irgendwelche Linien oder farbige Flächen auf das Papier zu malen. Vielleicht ist es für dich ganz natürlich, daß du deinen Kopf dabei sanft bewegst, nach oben, nach unten, nach links, nach rechts. Und natürlich kannst du auch unterschiedliche Farben benutzen. (1 Min.)

Und nun kannst du probieren, irgendein kleines richtiges Bild zu malen, wenn du dazu Lust hast. Laß dich überraschen, welches Motiv dir sozusagen von innen her einfällt, das du dann mit deinem farbigen Atem ausmalst. Und sei unbesorgt, du findest in dem Maleratelier Papier oder

KAPITEL 2: ZAUBERATEM

Leinwand in jeder benötigten Größe und Farben jeder Art... Und nachher können wir uns gegenseitig erzählen, was jeder dabei gemalt hat. (2–3 Min.)

Und nun sag dem Maleratelier Adieu und komm zu uns zurück, öffne die Augen, erfrischt und wach.

☆ ☆ ☆

Harlekin   *14*

Ziele

Diese Atemphantasie bringt etwas Humor ins Spiel und gibt den Teilnehmern darüber hinaus ein Empfinden von Frische und Leichtigkeit.

Anleitung

Wahrscheinlich geht der eine oder andere von euch ab und zu gern über einen Jahrmarkt. Und wenn wir uns die Zeit dafür nehmen, dann können wir immer wieder kleine Kinder beobachten, die staunend umhergehen und die Reise in diese bunte Phantasiewelt genießen. Und manchmal lassen wir uns sogar als Erwachsene verzaubern von den intensiven Farben, den vielen Bewegungen und den kräftigen Gerüchen, die uns überall auf viele verschiedene Weise ansprechen. Und ich möchte euch zu einem Atemexperiment einladen, das ihr leicht mit dieser Jahrmarktsatmosphäre in Verbindung bringen könnt. Am besten ist es, wenn ihr euch dazu vor euren Stuhl stellt, die Füße schulterbreit auseinander, den Rücken ganz gerade und die Arme locker herabhängend.

Und nun schließ bitte die Augen und stell dir vor, daß du dich zu einem überlebensgroßen Luftballon mit Armen und Beinen aufblasen wirst. Hol tief Luft und stell dir vor, daß du zunächst deinen Atem in deine Beine bläst, so daß sie in deiner Phantasie sehr viel länger werden als deine wirklichen Beine... Nun blase deinen Rumpf auf und mach ihn groß und kräftig. Und nun blase deine Arme auf, so daß sie zu deinen Beinen und deinem Rumpf passen... Nun blase deinen Kopf auf... Gib dem ganzen Körper das Aussehen eines Harlekins, und vergiß auch die typische Mütze des Harlekins nicht.... Gleich kannst du deinen großen Harlekinballon bunt färben, indem du ihn mit farbigem Atem füllst. Welche Farbe möchtest du zunächst hineinblasen?...

Probiere ruhig noch eine andere Farbe aus...

Und nun kannst du mit verschiedenen Farben arbeiten und deinen Harlekinballon schön bunt einfärben... Nun blase noch ein wenig zusätzliche Luft in deinen Ballon und stell dir vor, daß du langsam vom Boden

KAPITEL 2: ZAUBERATEM

abhebst und anfängst, durch die Luft zu schweben. Stell dir vor, daß dich ein leichter Wind hin- und herschaukelt und daß du dabei sehr komische Bewegungen vollführst. Stell dir ein paar Kinder vor, die dir zuschauen, die lachen und sich freuen, einen so riesengroßen bunten Harlekin in der Luft zu sehen.

Nun laß dich wieder langsam auf dem Boden landen, und beim Ausatmen kannst du damit beginnen, die Luft aus dir hinauszulassen. Atme durch den Mund aus und mach dabei ein kleines zischendes Geräusch. Laß die Luft aus allen Teilen deines Harlekinballons hinaus und sinke dabei immer mehr in dich zusammen, bis du am Ende ganz locker und schlaff am Boden liegst...

Bleib einen Augenblick dort liegen... Recke und strecke dich, öffne die Augen und sieh dich um in unserem Raum.

☆ ☆ ☆

Luftschiff 15

Ziele

Dies ist ein Atemerlebnis, das die Verbundenheit der Gruppenmitglieder betont und dazu beiträgt, daß sich alle gemeinsam erfrischen und gut fühlen können.

Anleitung

Im Traum ist uns vieles möglich, was über die Gesetze der Physik hinausgeht. Zum Glück hat unsere Vorstellungskraft ihre eigenen Gesetze und gibt uns die Möglichkeit, sehr, sehr viel auszuprobieren. Und besonders interessant ist es, wenn wir ab und zu gemeinsam mit anderen träumen. Das könnt ihr gleich ausprobieren.

Steht bitte auf und stellt euch zusammen in einem Kreis auf und gebt euch die Hände. Nun schließt die Augen und stellt euch vor, daß in der Mitte zwischen euch die Hülle eines kleinen Luftschiffes liegt. Ihr werdet gleich beginnen, dieses Luftschiff gemeinsam aufzublasen. Und atmet durch die Nase ein und durch den Mund aus und blast dabei möglichst viel Luft in die am Anfang ganz schlaffe Hülle des Luftschiffs. Und richtet es so sein, daß ihr alle den gleichen Atemrhythmus benutzt, und stellt euch vor, wie mit jedem Ausatmen das Luftschiff größer und größer wird, so daß sich allmählich diese typische zigarrenähnliche Form erkennen läßt. Immer mehr verschwinden die Beulen in der Außenhaut, und das Luftschiff wächst und wächst, es wird immer ansehnlicher. (1 Min.)

Und nun stellt euch vor, daß das Luftschiff fertig aufgeblasen ist und daß an seinem Bauch eine Gondel befestigt ist. Findet heraus, wie groß diese Gondel ist und wie viele von euch darin wohl Platz finden. Und entscheidet, ob ihr selbst mit an Bord gehen möchtet, um mit diesem Luftschiff eine kleine Fahrt zu riskieren. Und wer in seiner Phantasie lieber am Boden bleiben möchte, kann das tun und dem Luftschiff zusehen, wie es sich erhebt, und wer mitfliegen möchte, der kann das sanfte Schaukeln des Korbes genießen und dieses besondere Gefühl stillen Schwebens. Während ihr alle ruhig weiter ein- und ausatmet, könnt ihr den Flug des

KAPITEL 2: ZAUBERATEM

Luftschiffes genießen, seine Ruhe, sein Gleiten und das Glitzern des Lichtes auf seiner Außenhaut. (1 Min.)

Und nun laßt das Luftschiff wieder landen... In der Phantasie steigt vorsichtig aus dem Korb bzw. helft den anderen beim Aussteigen.

Und beendet nun eure gemeinsame Aktion mit einem Händedruck nach rechts und nach links und öffnet die Augen und schaut euch dann im Kreis nach allen Seiten um.

☆ ☆ ☆

Kerzen 16

Ziele

Diese Atemphantasie macht den Kopf frei und klar.

Anleitung

Das Feuer hat uns Menschen schon immer fasziniert. Und jeder hat seine ganz persönliche Weise, sich von Flammen inspirieren zu lassen. Und so kann es auch jetzt sein, wenn ich euch zu einer kurzen Atemphantasie einlade.

Setz dich bequem hin, die Füße flach auf den Boden gestellt und den Rücken ganz gerade. Stell dir vor, daß mitten in deiner Brust ein kleines Feuer brennt, und entscheide selbst, was da brennen soll – eine Fackel, ein kleiner Stapel Kaminholz, eine Gasflamme oder was sonst. Atme durch die Nase ein und durch den Mund wieder aus und stell dir vor, daß du mit jedem Ausatmen die Flammen noch etwas intensiver und kräftiger brennen läßt... Und allmählich kann das ein angenehmes, warmes Gefühl in deiner Brust sein, und du kannst empfinden, daß sich dein Brustraum dabei etwas weitet...

Nun kannst du dir vorstellen, daß du beim Ausatmen die Flammen des Feuers nach draußen bläst, so ähnlich, wie das ein Feuerschlucker machen würde. Du kannst deinen Feuerstrahl verschieden dosieren, kleiner und größer, wie dir zumute ist. Du kannst feurige Ringe blasen und vielleicht sogar deinen Namen mit Flammen in die Luft schreiben. (1 Min.)

Und nun stell dir vor, daß ungefähr in einem Abstand von einem Meter vor dir drei Kerzen stehen. Laß sie so groß sein, daß der Docht ungefähr in Höhe deines Bauchnabels ist. Und nun benutze deinen feurigen Atem, um alle drei Kerzen anzuzünden... Und wenn du das getan hast, kannst du das Feuer in deiner Brust auslöschen. Dazu kannst du dir vorstellen, daß du Wasser einatmest, das die Flammen auslöscht. Beim Ausatmen kannst du mit dem Wasserdampf die Überreste des Feuers nach draußen befördern, bis nichts mehr von dem Feuer in dir übrig ist. (1 Min.)

KAPITEL 2: ZAUBERATEM

Nun kannst du ein paarmal tief ein- und ausatmen und dabei die brennenden Kerzen vor dir sehen. Immer wenn du genügend Luft eingeatmet hast, kannst du darangehen, eine der Kerzen auszublasen. Und wenn du alle Kerzen ausgeblasen hast, dann kannst du in deiner Vorstellung versuchen, diesen ganz speziellen Geruch wahrzunehmen, der entsteht, wenn der Docht einer ausgeblasenen Kerze langsam verglimmt.

Und dann öffne die Augen wieder und schau dich um.

☆ ☆ ☆

Was wir brauchen 17

Ziele

Wir lenken die Aufmerksamkeit der Teilnehmer auf ihren Atem und verbinden dies mit Suggestionen für eine achtungsvolle Einstellung zu sich selbst. „Wer selbstbewußt ist, atmet tiefer."

Anleitung

Es gibt zwei Dinge im Leben, auf die wir in keinem Falle verzichten können: Wir müssen atmen, um uns mit Sauerstoff zu versorgen, und wir müssen uns selbst lieben und respektieren, damit wir in der Lage sind, unsere Mitmenschen und die Welt zu schätzen. Ich möchte euch einladen, diesen Zusammenhängen etwas nachzuspüren.

Setz dich bequem hin und lenke deine Aufmerksamkeit auf deinen Atem. Mach dir klar, daß du schon immer geatmet hast. Sei dir bewußt, daß die Luft, die du einatmest, voll Sauerstoff ist. Und Sauerstoff ist etwas, das dein Körper braucht, um dich zu ernähren. Und jetzt, wo du ein wenig bewußter atmest als sonst, kannst du vielleicht auch darauf achten, auf welche Weise dein Körper die Luft hereinholt.

Hört dein Atem im Brustraum auf?

Geht dein Atem weiter bis in deinen Bauch?

Kannst du alle Teile deines Körpers spüren?

Achte auf die Art und Weise, wie du atmest. Wenn du bemerkst, daß dein Atem in deiner Brust anhält, dann kannst du ihm eine kleine liebevolle Botschaft geben und ihn auffordern, weiter in deinen Körper hineinzuströmen. (1–2 Min.)

Und wenn du guten Kontakt zu deinem Atem hergestellt hast, und wenn du in deinem Bewußtsein Atmung, die Ernährung deines Körpers und deinen Herzschlag miteinander verbunden hast, dann kannst du daran denken, wie die Prozesse des Lebens in dir ablaufen... Und wie du dafür verantwortlich bist, daß das Leben in deinem Körper harmonischer, reicher und kräftiger sein kann. Vielleicht kannst du dir jetzt gestatten, mit einem Teil deines Organismus in Kontakt zu kommen, den du bisher

KAPITEL 2: ZAUBERATEM

eher übersehen hast, wie z.B. deine Fingerspitzen oder die Zehen deiner Füße. (1 Min.)

Konzentriere dich bitte wieder auf deinen Atem, und wenn du wieder einatmest, dann kannst du dir vielleicht selbst gestatten, ein kleines Selbstgespräch zu führen. Sag dir bitte etwa folgendes: Ich atme ein, was mein einzigartiges inneres Selbst ernährt. Ich habe Respekt für die einmalige Person, die ich bin. Ich gebe mir selbst die Erlaubnis, ein ganzes Wesen zu sein mit Gedanken, Gefühlen und einem Körper. Ich übernehme die Verantwortung, mein Leben zu genießen und auszufüllen. Und wenn ich einatme, dann weiß ich ganz tief in mir, daß meine Fähigkeit gestärkt wird, andere zu lieben, mit anderen zusammenzuwirken, zu anderen aufrichtig zu sein, nein und auch ja sagen zu können. (1–2 Min.)

Laß dir später noch etwas Zeit, darüber nachzudenken, was du alles von deinem Atem lernen kannst und auf welche wunderbare Weise unsere Atmung und unsere Selbstachtung miteinander verbunden sind.

Und jetzt komm mit deiner Aufmerksamkeit zu uns zurück, öffne die Augen und sei wieder hier, erfrischt und wach.

☆ ☆ ☆

Kapitel 3

Bewegungs phantasien

18 Wie fließendes Wasser

Ziele

Die Vorstellung von Wasser ist besonders geeignet, wenn wir uns entspannen und erfrischen wollen. Denn das Bild des Wassers spricht auch unser Unbewußtes an und lädt uns dazu ein, uns von jenen tieferen Stimmen leiten zu lassen, die unser Tagesbewußtsein eher ahnen als deutlich verstehen kann. Bitte stellen Sie einen Recorder bereit und eine passende Musikaufnahme. (Wir empfehlen hierfür die Meditationsmusik von Deuter „Celebration", Kuckuck Records, München, Kassette MC 040.)

Anleitung

Ich möchte euch einen Weg zeigen, wie ihr euch auf eine sehr angenehme Weise entspannen und erfrischen könnt.

Am besten zieht ihr die Schuhe aus und stellt euch irgendwo in den Raum, wo ihr einen Platz findet, der zu eurer Stimmung paßt...

Nun schließe bitte die Augen und beginne, etwas tiefer als gewöhnlich zu atmen. Such dir den richtigen Platz für beide Füße, einen Platz, wo deine Füße guten Kontakt mit der Erde haben, festverwurzelt wie ein Baum, der seine Wurzeln nach unten in die Erde schickt.

Jetzt stell dir bitte vor, daß du bis zum Scheitel in einem sanft strömenden Fluß stehst... Das Wasser hat eine angenehme Temperatur, und du kannst auch ganz leicht darin atmen. Denn das ist kein gewöhnliches Wasser. Es ist ein Fluß aus kristallklarem, heilenden Licht, und ich werde gleich die Musik anstellen, damit du in deiner Vorstellung noch angenehmer und in einer Art und Weise, die zu dir paßt, auf die Dinge reagieren kannst, die ich dir erzähle.

Und in diesem Fluß von hellem heilenden Licht stehend kommt es ganz von selbst, daß du dieses funkelnde, heilende Licht einatmest. Atme es ein und laß es deine Lunge füllen. Wenn du ausatmest, kannst du spüren, wie dieses Licht deinen ganzen Körper anfüllt.

Und während du in diesem Fluß aus Licht stehst, umgibt dich das lichte Wasser in sanften, kleinen Strudeln. Du fühlst dich wie eine Wasserpflanze so beweglich, nachgiebig, so leicht.

Wenn du atmest, laß das Licht über deine Haut fließen und dich liebkosen. Spüre, wie die Strömung mit zarten Stößen gegen deinen Leib drückt, so daß du vielleicht manchmal den Kopf zur Seite wendest oder eine kleine Drehung mit deinen Hüften machst, um dich sanft an die Strömung anzupassen.

Laß dich einfach von dem Fluß bewegen und von den verschiedenen Strömungen. Und wie in einem Traum kannst du dich dem Zauber dieser Unterwasserwelt hingeben.

Und vielleicht siehst du Bilder von irgendwelchen Fischen oder anderen Wassertieren, die durch deine Phantasie fließen. Und wenn du willst, kannst du in deiner Phantasie eines dieser Wassertiere werden, das mit dem Wasser dahintreibt. Oder du kannst auch eine Wasserpflanze werden, die in der Strömung hin und her schwimmt. Oder du kannst auch ein kleiner runder Stein sein oder eine Muschel oder eine Perle, die sanft über den Meeresboden rollt.

Wenn du gleich beginnst, dich langsam im Raum zu bewegen, kannst du die Augen geschlossen halten. Um dich herum ist lauter Wasser, und auch in dir selbst ist lauter Wasser. Es gibt keinen großen Unterschied zwischen deinem Körper und dem Wasser um dich herum. Auch du bist ganz flüssig und beweglich.

Bleib in Bewegung. Atme ganz tief ein und laß deinen Atem durch die inneren Räume deines Körpers wehen... Und du kannst auch ein paarmal tief seufzen. Bemerke, wie das Wasser dich hält. Es gestattet dir nicht, daß du dich schnell bewegst. So kannst du einfach locker lassen und deinen Körper der Flut anvertrauen. Laß das Wasser deinen Körper halten und liebkosen. Und du mußt dich dabei nicht anstrengen. Du hast dich schon genug angestrengt. Überlaß dem Wasser die Arbeit und die Führung. Laß deinen Körper schmelzen und sich in der Strömung auflösen.

Je weniger du deine Bewegung bewußt steuerst, desto besser. Genieße die Strömung, wie sie herankommt und durch dich hindurchgeht. Und du kannst spüren, wie phantastisch das ist, wenn du so dahinschmilzt im Wasser. Laß deine ganze Existenz schmelzen. Du kannst so weich werden und so biegsam. Es gibt keine Verspannungen.

Deine Bewegungen sind langsam wie im Traum. In dieser Situation hat

KAPITEL 3: BEWEGUNGSPHANTASIEN

die Zeit keine Bedeutung, nur die Gegenwart ist wichtig, das Schmelzen deines Körpers in der Strömung und dein langsamer Tanz mit dem Fluß.

Und je vollständiger du loslassen kannst, desto bedeutungsloser wird die Differenz zwischen dir und deiner Umgebung. Die Wasser fließen um dich herum und durch dich hindurch. Sie verschmelzen mit deinem Blut und deinem Herzschlag. Und du kannst ein Stück Seetang werden, der sanft in der Dünung des Wassers schwimmt.

Immer, wenn du ein Stück alte Spannung losgelassen hast, wird dein Körper weicher, und du spürst eine neue Dosis Wohlbehagen. Du empfindest, daß du im Inneren mehr Platz hast und daß deine Bewegungen viel leichter und automatischer werden.

Laß dich von der Strömung bewegen, ganz ohne Anstrengung. So sanft kann dein Körper sich bewegen, wie eine Welle, wie eine Wasserpflanze, wie ein Fisch. Laß dich herumdrehen, herumrollen, mal hierhin, mal dahin. Und das Wasser draußen mischt sich mit dem Wasser drinnen. Und du kannst der Kraft des Wassers vertrauen, daß es dich reinigt, daß es dich tauft und daß es deine Existenz erneuert. Und darum ist es so angenehm, wenn du diese heilende Strömung in dich hineinatmest. Laß dich von dem Wasser bewegen, und öffne dich ganz diesem heilenden Licht.

Gleich kannst du dich noch fünf Minuten auf diese Weise bewegen, ohne daß du dazu meine Worte zur Begleitung benötigst. Wenn es dir passend und zweckmäßig erscheint, kannst du deinen Tanz in der Unterwasserwelt auch mit geöffneten Augen fortsetzen. Du kannst dich dann im Raum orientieren und sicher sein, daß deine private Unterwasserwelt von niemandem gestört wird... (5 Min.)

Und nun laß deinen Tanz zum Stillstand kommen und setz dich möglichst bequem auf den Boden. Halte deinen Rücken gerade, so daß dein Atem weiterhin tief und vollständig ist. Und bemerke, wie sich dein Körper jetzt anfühlt. Und laß auch die Bewegungen weitergehen, aber in einer ganz zarten, kaum sichtbaren Weise, ganz im Inneren. Und während du so still dasitzt, bewegt sich alles um dich herum in sanften Schwingungen. Du bist umgeben und gehalten von liebevoller und heilender Energie. Atme und laß immer wieder los. Du kannst wissen, daß du in dieser Welt zu Hause bist. (2–3 Min.)

Nun kehre zu deinem Alltagsbewußtsein zurück. Öffne langsam die Augen und sei wieder hier bei uns allen, erfrischt und wach.

☆ ☆ ☆

Tanzende Federn 19

Ziele

Dies ist eine ganz einfache, poetische Möglichkeit, wie die Teilnehmer sich bewegen und entspannen können. Sie können ein Gefühl von Leichtigkeit und innerer Flexibilität für sich gewinnen.

Anleitung

Wahrscheinlich kennt ihr alle das Märchen von Frau Holle, und ihr habt euch als Kinder vorgestellt, wie das aussieht, wenn Tausende und aber Tausende kleiner Flaumfedern durch die Luft segeln. Vermutlich hat auch jeder von euch eine Variation dieses Erlebnisses ausprobiert, indem er die Samen einer Pusteblume auf die Reise schickte. Was uns in all diesen Fällen fasziniert, ist die Leichtigkeit, das Schweben und die immer wieder überraschende Bahn dieser zarten Flugobjekte.

Warum sollten wir als Erwachsene uns nicht von Zeit zu Zeit ein solches Spiel gönnen?

Schiebt die Stühle bitte an den Rand, steht auf und stellt euch irgendwo im Raum hin.

Und stell dir nun vor, daß du eine winzige leichte Flaumfeder hast, und halte sie ganz vorsichtig auf einer deiner Hände. Atme ganz leicht, damit du sie nicht vorzeitig anstößt. Überlege dir, welche Farbe deine Flaumfeder haben soll... Gleich kannst du beginnen, mit Hilfe deines Atems mit der Feder zu spielen. Du kannst durch die Nase einatmen und mit spitzen Lippen ausatmen, und mit diesem Luftstrom kannst du die Feder anstoßen und sie hierhin fliegen lassen und dahin fliegen lassen. Du kannst gleich anfangen herumzugehen, und die Feder wird dein Begleiter sein. Halte sie immer in der Luft, und verliere sie nicht aus den Augen. Finde heraus, was du alles mit der Feder machen kannst. Und nun kann es losgehen. (1 Min.)

Nun stopp bitte und bleib einen Augenblick stehen.

Stell dir vor, daß du zwei kleine Flaumfedern hast, und gib ihnen verschiedene Farben. Da jede dieser Federn unterschiedlichen Gesetzen

KAPITEL 3: BEWEGUNGSPHANTASIEN

folgt, kann es sein, daß dein Atem eine ganze Menge zu tun bekommt, wenn du anfängst, mit beiden zu jonglieren. Und du kannst das tun, indem du an deinem Platz stehen bleibst und das Steigen und Fallen der Federn kontrollierst. Du kannst genauso gut herumwandern und versuchen, daß beide Federn für dich erreichbar bleiben. (1 Min.)

Nun stoppt bitte und kommt immer zu zweit zusammen. Stellt euch vor, daß ihr beide eine gemeinsame Flaumfeder habt, die ihr von einem zum andern hin- und herblast. Versucht das ohne Worte zu tun, und findet heraus, wie ihr der Flugbahn der Flaumfeder in eurer Phantasie folgen könnt. (1 Min.)

Vielen Dank! Stoppt nun und kommt auf euren Platz zurück.

☆ ☆ ☆

Lächeln   *20*

Ziele

Wir wissen heute, daß das altbekannte Sprichwort „Lachen ist gesund" medizinisch getestet ist. Wenn wir lachen, erzeugt unser Gehirn ganz bestimmte chemische Stoffe (Endorphine), die sich vorteilhaft auf unser Immunsystem auswirken. Gerade Angehörige der helfenden Berufe verlieren im Laufe der Zeit viel von ihrer Fähigkeit, zu schmunzeln oder zu lachen. Und angesichts der hohen beruflichen Belastung ist es wichtig, daß wir uns in dieser Hinsicht selbst überlisten und anfangen, das Lachen regelrecht einzuüben. In diesem Falle sollten wir uns nicht nur auf unsere Spontaneität verlassen...

Anleitung

Jeder von uns hat seine ganz persönliche Gesundheitspolitik. Und im Laufe der Zeit hat jeder mit verschiedenen Schlafrhythmen, Ernährungsgewohnheiten und Fitneßprozeduren experimentiert, um herauszufinden, was ihm besonders guttut. Und wer von euch auf der Liste seiner lebensverlängernden Rezepte auch das Lachen über die eigene Unzulänglichkeit stehen hat, der hat etwas besonders Heilsames in den Blick gefaßt. Und wir können gleich gemeinsam versuchen, uns eine kräftige Dosis von diesem wirksamen Heilmittel zukommen zu lassen.

Stellt die Stühle zurück und beginnt, im Raum umherzugehen. Und wir fangen mit dem Gegenteil an. Versucht einmal, ganz ernste und sorgenvolle Gesichter zu machen und legt die Stirn in Falten, laßt den Unterkiefer herabhängen. Und schaut euch dabei die ernsten oder sorgenvollen Gesichter der anderen Gruppenmitglieder an und laßt euch davon inspirieren, eure eigene Mimik noch düsterer und ernster zu machen. Laßt die Schultern dabei hängen und atmet ganz flach. Und paßt auch euren Gang den Bewegungen eures Körpers, eurer Besorgtheit an. (1 Min.)

Stoppt bitte und bleibt einen Augenblick stehen. Schüttelt Arme und Beine aus und gönnt euch ein paar tiefe Atemzüge. Ja, so ist es gut. Ihr habt euch jetzt ausreichend vorbereitet auf den nächsten Schritt. Ich möchte nämlich, daß ihr gleich versucht, andere auch gegen ihren Willen zum Lachen zu bringen. Ihr sollt sie dazu nicht kitzeln oder ihnen irgendwelche Witze erzählen, sondern ihr könnt die theatralischen Möglichkeiten eures Gesichtes benutzen, um andere ganz überraschend zum Lachen zu provozieren. Ihr könnt dabei Grimassen schneiden, wie das kleine Kinder tun, oder ihr könnt euch den Ausdruck eines Trottels geben oder was immer euch einfällt. Und wann immer ein anderes Gruppenmitglied in ein Lachen ausbricht, dürft ihr euch einen Punkt gutschreiben. Beginnt nun herumzuwandern und andere zum Lachen zu bringen. (2–3 Min.)

Stoppt bitte und bleibt stehen, wo ihr seid, und schüttelt wieder Arme und Beine aus. Holt ein paarmal tief Luft und bereitet euch auf den dritten Schritt vor. Wenn ihr gleich wieder herumwandert, dann könnt ihr versuchen, über euch selbst zu schmunzeln oder zu lächeln. Sucht euch irgendeine Situation heraus, bei der ihr euch irgendwie fragwürdig verhalten habt. Stellt euch dieselbe Situation noch einmal vor und seht euch selber zu, wie ihr das gleiche Verhalten noch einmal praktiziert. Nur steigert diesmal dieses Verhalten so lange, bis ihr selbst merkt, daß es komisch ist. Und sagt euch zu Beginn dieses dritten Schrittes, daß dies ein Phantasieexperiment ist, mit dem ihr euch in der Kunst der Selbstironie üben wollt. Und wenn ihr gleich anfangt herumzuwandern, dann benutzt ruhig dieses kräftige Hilfsmittel der Übertreibung im Vertrauen darauf, daß euch später vielleicht auch die ganz normalen Formen eurer „Verrücktheit" genügen, um immer wieder über euch selbst lachen zu können. (2 Min.)

Stoppt nun, bleibt stehen und schüttelt auch jetzt Arme und Beine aus und holt noch ein paarmal tief Luft, so daß wir uns gleich vor allem darüber unterhalten können, welche Erfahrungen ihr in den drei Phasen dieses Experimentes gemacht habt.

☆ ☆ ☆

Lebensweisheit 21

Ziele

Dieses Experiment kann all denen Trost spenden, die im Verlaufe ihres Lebens harte Zeiten erlebt haben. Und es kann alle die sogenannten Sonntagskinder warnen und nachdenklich machen.

Anleitung

Bitte stellt die Stühle zurück und beginnt im Raume umherzugehen. Während ihr so ganz gemütlich herumspaziert, möchte ich euch kurz mit einigen vielleicht etwas ungewöhnlichen Gedanken vertraut machen. Wir haben alle gelernt, daß die Schwierigkeiten auf dem Lebensweg, daß Krisen, Unglücksfälle, Krankheiten, Vernachlässigung, daß all das uns Schäden zufügen und unsere seelische Gesundheit beeinträchtigen kann. Und das ist natürlich richtig, aber es ist nur die halbe Wahrheit. Denn das Bewußtsein überstandener Krisen ist interessanterweise eines der besten Fundamente, um das Leben genießen und für die augenblickliche Lebenssituation dankbar sein zu können. Und ihr könnt es gleich selbst ausprobieren.

Geht weiter herum und konzentriert euch immer auf eine wirklich große Schwierigkeit aus eurem Leben, die ihr überstanden habt. Stellt euch möglichst plastisch vor, wie unangenehm diese Krise damals für euch war. Aber erinnert diese alten Dinge aus der Perspektive des Beobachters, des Historikers. Stellt ganz objektiv fest, was damals so schwierig für euch war, wie es dazu kam, daß ihr die Krise überstanden habt, und was ihr daraus gelernt habt. Und beginnt ruhig mit den frühen Krisen und geht dann durch die Jahre bis zur Gegenwart und registriert dabei mit einem Sinn für Gerechtigkeit, wie eure Kompetenz im Umgang mit den Schwierigkeiten und Härten des Lebens gewachsen ist und wie ihr bestimmte Einsichten oder innere Haltungen entwickelt habt, um mit den wirklichen Belastungen des Lebens zurechtzukommen. Und während ihr durch den Raum geht, seid euch bitte bewußt, daß dies ein symbolischer Gang durch eure Lebenszeit ist. Schritt für Schritt und immer nach vorn. Und daß die wesentliche Bedeutung unserer Vergangenheit darin besteht, daß sie uns Erfahrungen gibt und Wissen und persönliche Reife. (2–3 Min.)

Und nun möchte ich euch auffordern, all diese Erfahrungen, die ihr euch eben wachgerufen habt, als Hintergrund zu benutzen und euch auf eure gegenwärtige Lebenssituation zu konzentrieren. Stellt fest, wie euer Leben zur Zeit ist, welche Dinge wirklich angenehm und erfreulich für euch sind. Und sucht dabei nicht nach großen spektakulären Erfolgen oder nach singulären Ereignissen, sondern registriert die vielen Dinge, die ihr zur Zeit gern tut, registriert die persönlichen Beziehungen, die ihr zur Zeit schätzen könnt, und natürlich auch all die Dinge, die ihr gern benutzt und die euch euer Leben angenehm machen. Kurz gesagt, hebt all das in euer Bewußtsein, was euer Leben gegenwärtig glücklich macht, was euer Leben gegenwärtig besser macht, als es je zuvor war. Bleibt dabei in Bewegung und achtet dabei auf euer inneres Empfinden. Und wenn ihr dabei ein tiefes Gefühl von Dankbarkeit feststellen könnt, dann ist das vollständig in Ordnung. (2–3 Min.)

Nun könnt ihr eure Wanderung beenden und auf euren Platz im Kreis zurückkehren. Und zum Schluß möchte ich euch noch auffordern, über die Implikationen dieses Experimentes von Zeit zu Zeit nachzudenken. Wir können alle unsere Einstellung zu den Schwierigkeiten und Härten des Lebens ein wenig ändern. Wenn sie uns wieder einmal treffen, dann können wir sie akzeptieren als eine neue Möglichkeit, wieder etwas Wichtiges über das Leben zu lernen, und als ein neues Kapitel im Buch unserer überstandenen Krisen, und wir sollten sehr zurückhaltend sein, wenn es darum geht, uns altes, verflossenes Glück vor Augen zu führen. Es kann leicht einen Schatten auf all das werfen, was wir gegenwärtig genießen, und wenn wir uns schon auf unser Glück konzentrieren, dann am besten im Umkreis unserer gegenwärtigen Situation oder in unserer Zukunft.

☆ ☆ ☆

Naturerlebnis 22

Ziele

Die Teilnehmer gehen hier auf eine imaginäre Wanderung durch verschiedene Landschaften, die ihnen Entspannung, Erfrischung und Inspiration vermitteln können.

Anleitung

Für viele von uns liegt der letzte Urlaub schon viel zu weit zurück. Und wahrscheinlich empfinden wir manchmal so etwas wie Sehnsucht nach frischen Bergwiesen, nach weiten Stränden, nach Einsamkeit und Ruhe inmitten der Natur. Ihr könnt gleich eure Phantasie benutzen, um etwas von dem zu erleben, was euch das Gefühl gibt, in den Fluß des Lebens eintauchen zu können.

Bitte zieht die Schuhe aus, stellt die Stühle zurück und beginnt im Raum herumzuwandern. Lenkt eure Aufmerksamkeit zunächst nach innen und findet euren persönlichen Rhythmus. Überlaßt es euren Beinen, einen passenden Weg zu gehen. Und folgt mit eurem Bewußtsein eurem Körper, euren Gefühlen und allen Assoziationen, die sich von selbst einstellen.

Ich werde euch gleich auf einer imaginären Reise begleiten durch ganz unterschiedliche Landschaften. Ihr könnt euch von euch selbst überraschen lassen, wie ihr auf die jeweilige Umgebung reagiert, die ihr euch vorstellt. Euer Körper, eure Haltung, eure Bewegungen, eure Art zu atmen, all das kann sehr unterschiedlich sein in den verschiedenen Regionen, die ihr durchwandert.

Beginnt in eurer Phantasie an einem wunderschönen Frühlingstag. Die Sonne scheint, und ihr wandert durch grüne Felder... Wenn ihr die Luft tief in euch hineinzieht, dann könnt ihr das Aroma der Erde und der Pflanzen bemerken...

Jetzt wird es ein wenig bedeckt, und ihr spürt, wie feiner Regen vom Himmel fällt. Und ihr wandert weiter und gelangt in eine morastige Gegend. Ihr sinkt tief in den moorigen Untergrund ein, und wenn ihr die

Füße herauszieht, dann hört ihr ein glucksendes Geräusch... Und mit jedem Schritt sinkt ihr tiefer ein, und ihr kommt nur langsam voran... Allmählich wird der Untergrund wieder fester, und ihr findet einen trockenen Pfad, auf dem Kieselsteine liegen und ab und zu ein großer runder Stein. An den Rändern wachsen große Grasbüschel. Auf diesem Pfad fühlt sich das Gehen ganz anders an, und die Kieselsteine massieren eure Fußsohlen. Vielleicht habt ihr manchmal Lust, die großen, glatt geschliffenen Felstrümmer als Sprungsteine zu benutzen...

Dieser schmale Pfad führt an den Fuß eines Berges. Das Gelände steigt langsam an, und die Luft wird spürbar kühler. Auf den Bergwiesen liegt Schnee, und die Sonne glitzert in den Eiskristallen... Und der schmale Weg führt euch immer weiter in die Höhe in langen Serpentinen, die sich an der Flanke eines schneebedeckten Berges hinziehen. Das Licht der Sonne wird immer heller, und die Luft schmeckt irgendwie nach Schnee. Und ihr kommt an einen sanft geschwungenen Abhang, der mit einer dicken Schneeschicht bedeckt ist. Ihr folgt der Einladung der weichen Schneekissen und laßt euch einfach hinunterrollen. Ihr rutscht und rollt, und der Schnee stiebt auf, es geht immer weiter hinab, und plötzlich seid ihr an einem ganz anderen Platz. – Auf dem heißen Sand eines Strandes mitten im Juli... Die Sonne brennt herab, und ihr spürt die Hitze des Sandes bei jedem Schritt mit euren nackten Füßen. Und euer Körper läßt sich von den Tausenden und Tausenden kleiner Sonnenstrahlen massieren. Ihr reckt und streckt euch, damit möglichst alle Teile eures Körpers von der Julisonne verwöhnt werden können.

Und die Julisonne bewirkt ein Wunder. Ihr bemerkt, daß ihr anfangt zu wachsen und daß Arme und Beine, Körper und Kopf größer und größer werden. Ihr werdet so groß, wie ihr euch als Kinder die Riesen vorgestellt habt. Und ihr probiert aus, was ihr mit eurem Riesenkörper alles machen könnt. Ihr macht Riesenschritte und Riesensprünge, und ab und zu setzt ihr an zu einem Riesensprint... Und wenn ihr wieder gemächlich geht, ja, dann genießt ihr die bessere Übersicht, die euch eure Größe ermöglicht... Und jetzt habt ihr Lust auf das Wasser, und ihr springt in den Ozean, und das kühle, blaue Wasser erfrischt euch, und mit euren langen Armen und Beinen kommt ihr gut durch die Brandung... Allmählich fühlt ihr euch ausreichend erfrischt. Ihr wendet und schwimmt zum Ufer zurück. Je dichter ihr an das Ufer kommt, desto kleiner werdet ihr. Eure Beine, die Arme, euer Körper, alles, alles wird kleiner und zierlicher, und schließlich habt ihr euch in einen Korken verwandelt, der auf den Wellen tanzt. Das ist ein ganz besonderes Gefühl, so leicht zu sein und so zu tanzen an der

Grenze zwischen Wasser und Himmel. Und jeder Wellenschlag bringt euch näher an den Strand, so daß ihr schließlich auf den nassen Sand gespült werdet, zwischen Seetang und Muscheln und Treibholz. Und ihr bleibt einen Augenblick dort liegen, ab und zu von den Ausläufern der Wellen sanft umspült... Und allmählich nehmt ihr wieder eure eigene Gestalt an und eure natürliche Größe. Reckt und streckt euch ein wenig und kommt auf euren Platz im Kreis zurück.

☆ ☆ ☆

23 Hemmungslos

Ziele

In diesem Experiment können sich die Teilnehmer zu Musik bewegen und, unterstützt von einer sehr schönen Bewegungsmetapher, einen Teil ihrer üblichen Hemmungen über Bord werfen.

Material: Sie benötigen einen Rekorder und eine passende Musikaufnahme (z.B. Ravel: Bolero oder Chabrier: Espana).

Anleitung

Es gibt viele Wege, wie wir unsere Lebensfreude erneuern können. Eine besonders exquisite Möglichkeit finden wir, wenn wir uns zu Musik bewegen. Bitte zieht die Schuhe aus und stellt die Stühle zurück, damit wir genügend freien Raum für eine Bewegungsphantasie bekommen. Wenn ich gleich die Musik anstelle, dann bleibt bitte zunächst auf der Stelle, wo ihr gerade steht, und macht euch ein bißchen warm, indem ihr einfach darauf wartet, wie euer Körper auf Klänge und Rhythmen reagiert. Nehmt euch nichts besonders vor, sondern laßt euch überraschen, wie die Musik eure Füße und Beine, Arme und Hände, Becken und Kopf zum Schwingen bringt. In dieser ersten Phase könnt ihr euch an die Musik gewöhnen und an das ganz persönliche Echo, das sich in eurem Körper bildet. Und vielleicht ist es am besten, wenn ihr dabei die Augen geschlossen haltet, so daß ihr euch ganz darauf konzentrieren könnt, die Musik in euch hineinströmen zu lassen...

(Lassen Sie nun die Musik anlaufen und warten Sie 2–3 Minuten ab, bis Sie die Musik noch einmal anhalten.)

Ihr habt nun einen Eindruck von der Musik und von dem Echo eures Körpers. Und wenn ich die Musik gleich wieder anschalte, dann könnt ihr ruhig die Augen offen halten, damit ihr euch auch hier im Raum bewegen könnt. Auch dann ist es am besten, wenn ihr die Regie eurem Unbewußten überlaßt.

Stell dir vor, daß du auf telepathische Weise mit einem sehr erfahrenen Puppenspieler verbunden bist. Du kannst dir vorstellen, daß überall an deinem Körper feine Bänder befestigt sind, die dieser Puppenspieler in seinen Händen hält. Laß diesen unsichtbaren Puppenspieler ein wenig über dir schweben, so daß er guten Kontakt mit dir haben kann. Und du kannst dir weiter vorstellen, daß dieser Puppenspieler gut vertraut ist mit dir, mit deinen geheimen Wünschen und Sehnsüchten und mit all den Möglichkeiten, die in dir schlummern.

Wenn gleich die Musik wieder beginnt, dann wird dieser Puppenspieler, der die Musik, ihre Faszination und ihre heilende Kraft seit vielen, vielen Jahren liebt, dich dirigieren. Er wird dich ganz vorsichtig dazu bringen, daß du die Beweglichkeit deines Körpers ausprobierst und alle Möglichkeiten dich auszudrücken. Vielleicht geht es am Anfang ganz langsam und vorsichtig zu, so daß du dich wunderst, warum dein Tanzmeister dir nicht mehr zutraut. Aber du kannst dich darauf verlassen, daß er immer weitreichender und immer kühner deine tänzerischen Talente fördert und dich lockt, aus dir herauszukommen. Vielleicht wirst du staunen, welche exotischen Stimmungen in dir aufkommen, welches Vergnügen und welche Lust. Und es kann sein, daß du dich manchmal jünger und manchmal älter fühlst, als du tatsächlich bist. Genausogut kann es sein, daß du ganz unterschiedliche Personen verkörperst, manchmal vielleicht eine Frau, manchmal vielleicht einen Mann, vielleicht ein Tier, vielleicht ein Phantasiewesen. Es kann auch sein, daß du plötzlich den Eindruck hast, an einem ganz anderen Platz und in einem ganz anderen Land zu tanzen. Wenn die Musik jetzt beginnt, kannst du dich ihrem Zauber und der taktvollen Führung deines Puppenspielers überlassen...

Stoppt bitte, schüttelt Arme und Beine aus. Spürt euren Körper und gönnt euch ein paar tiefe Atemzüge. Kehrt zurück auf euren Platz im Kreis.

☆ ☆ ☆

24 Zwei Tiere

Ziele

Hier benutzen wir die Metapher des Tieres, um die Teilnehmer zu animieren, sich auf eine nicht alltägliche und intensive Art und Weise zu bewegen und auszudrücken. Die beiden Tiere, die in der Imagination auftauchen, können eine interessante innere Polarität verkörpern und wirken deshalb besonders suggestiv.

Anleitung

Solange wir uns überraschen lassen können, sind wir lebendig. Und was spricht dagegen, wenn ihr euch von der Richtigkeit dieser Maxime selbst überzeugt. Schließt einen Augenblick die Augen und werft einen Blick in die innere Welt der Bilder und Symbole.

Stellt euch vor, daß links und rechts schräg vor euch gleich zwei Tiere auftauchen, die mehr oder weniger ruhig auf ihrem Platz sitzen und euch anschauen. Bleibt ruhig bei den ersten Tieren, die sich präsentieren, auch wenn sie vielleicht etwas Zeit brauchen, um ganz deutlich sichtbar zu werden. Schaut sie aufmerksam an, so daß ihr eine Vorstellung bekommt, wie alt diese Tiere sind, in welcher Stimmung sie sind und in welcher körperlichen Verfassung. (1–2 Min.)

Nun öffnet bitte wieder die Augen und konzentriert euch zunächst auf das Tier, das ihr auf der linken Seite gesehen habt. Zieht eure Schuhe aus, seid eine Weile dieses Tier. Bewegt euch wie dieses Tier und wählt einen Bewegungsrhythmus, der zu ihm paßt. Und nehmt auch eure Umgebung so wahr, wie es zu diesem Tier paßt. Atmet wie dieses Tier, freßt wie dieses Tier, trinkt wie dieses Tier und ruht euch aus wie dieses Tier. Taucht ein in seinen Lebenszyklus. Vielleicht ist das ein geselliges Tier, dann gebt euch einen imaginären Gefährten, und wenn das ein Tier ist, das eher wie ein Einzelgänger lebt, dann ist das auch o.k. Vielleicht muß das Tier ab und zu kämpfen, dann könnt ihr ausprobieren, wie das geht. Taucht in den Lebenszyklus dieses Tieres ein und probiert aus, wie ihr mit eurem Körper seine ganz spezifische Lebens- und Existenzweise ausfüllen könnt.

KAPITEL 3: BEWEGUNGSPHANTASIEN

Ignoriert bitte all die anderen Gruppenmitglieder und die Tiere, die sie verkörpern. Sucht euch eure Interaktionspartner in der Phantasie und bewegt euch zusammen mit imaginären Tieren und Pflanzen. (2–3 Min.)

Nun stoppt bitte, schüttelt Arme und Beine aus und atmet ein paarmal tief. Und dann konzentriert euch bitte auf das Tier, das ihr auf eurer rechten Seite gesehen habt. Verkörpert nun dieses Tier und taucht in seine Existenz ein. Bewegt euch im Raum auf seine spezifische Weise, atmet, wie es zu dem Tier paßt, und geht wie dieses Tier durch die Welt. Kümmert euch wiederum nicht um die anderen Gruppenmitglieder und die Tiere, die sie verkörpern. Bevölkert eure Welt mit imaginären anderen Tieren und Pflanzen. Und achtet darauf, auf welche Weise sich euer Körper und euer Lebensgefühl verändert im Vergleich zu dem ersten Tier, das ihr zuvor verkörpert habt... (2–3 Min.)

Und nun stoppt bitte, schüttelt Arme und Beine aus und seid wieder ihr selbst. Kehrt auf euren Platz im Kreis zurück, damit wir kurz darüber sprechen können, wer ihr wart und was ihr dabei erlebt habt.

☆ ☆ ☆

25   *Selbstachtung*

Ziele

Dreh- und Angelpunkt unserer emotionalen und körperlichen Gesundheit ist unser Selbstwertgefühl. Wenn wir den Eindruck haben, daß wir tüchtig und liebenswert sind, dann geht es uns gut, auch wenn wir vielleicht gerade mit widrigen Umständen zu kämpfen haben. Das Bewußtsein unseres eigenen Wertes ist jedoch nie statisch, es ist einigen Schwankungen unterworfen. Wir tun daher gut, von Zeit zu Zeit etwas in unsere Selbstachtung zu investieren. In diesem Experiment geben Sie den Teilnehmern die Chance dazu.

Anleitung

Ich vermute, daß sich jeder von euch freut, wenn er ein Kompliment erhält. Ich vermute genauso, daß ihr manchmal vergeßt, euch selbst Komplimente zu machen. Wahrscheinlich habt ihr irgendwann einmal gelernt, daß Bescheidenheit eine Tugend ist. Wenn ihr dieser Meinung seid, dann möchte ich euch jetzt zu untugendhaftem Verhalten anstiften. Stellt die Stühle bitte zurück, steht auf und beginnt im Raum herumzugehen. Beim Herumwandern lenkt bitte eure Aufmerksamkeit auf euch selbst, auf euren Körper, auf eure Gefühle, auf eure Person...

Laßt eure Gedanken zurückwandern in eure Kinderzeit und in eine Lebensphase, von der ihr rückblickend sagen könnt, daß ihr besonders aufgeschlossen wart. Macht euch klar, daß ihr im Laufe eures Lebens eine Menge dazugelernt habt, daß ihr eure Begabungen ausgebaut und eine Menge Qualitäten entwickelt habt. Ich möchte, daß ihr euch auf diese Qualitäten und positiven Eigenschaften, die jeder von uns hat, in besonderer Weise konzentriert. Und zwar so: Macht immer drei Schritte und bleibt dann stehen. Laßt euch an dem Platz, wo ihr gerade angelangt seid, eine eurer persönlichen Qualitäten einfallen, genießt einen Augenblick das Bewußtsein, das mit dieser Qualität verbunden ist, und geht dann wieder drei Schritte. Bleibt erneut stehen und laßt euch eine weitere Qualität einfallen. Genießt sie und geht weiter. Ihr könnt euch dabei überraschen lassen, in welcher Reihenfolge ihr diese Qualitäten erinnert

KAPITEL 3: BEWEGUNGSPHANTASIEN

und welche Assoziationen, Bilder und Gedanken damit möglicherweise verbunden sind. Ihr könnt das gleich eine Weile praktizieren und euch dabei ruhig darüber wundern, warum ihr nicht öfter all diese guten Dinge zur Kenntnis nehmt... (2-3 Min.)

Und nun stoppt bitte für einen Augenblick, damit ich euch sagen kann, wie es nun weitergeht. Wählt euch irgendeine der Qualitäten, die euch vorhin eingefallen sind, oder eine, die euch jetzt einfällt, um mit ihr zu experimentieren. Habt ihr eine herausgefunden?... Okay. Nun möchte ich, daß ihr diese Qualität gleich in der Art und Weise, wie ihr durch den Raum geht, zum Ausdruck bringt. Findet heraus, wie ihr diese Qualität am besten verkörpern könnt durch die Art, wie ihr euren Kopf haltet, wie ihr mit den Augen schaut, wie ihr die Hände haltet oder die Füße setzt oder wie immer. Ab und zu könnt ihr auch eine wortlose Interaktion mit einem anderen Gruppenmitglied beginnen. Wie begegnet ihr anderen im vollen Bewußtsein dieser Qualität? Nun könnt ihr wieder weiter herumwandern, ganz konzentriert und angefüllt mit dieser Qualität. (1–2 Min.)

Stoppt bitte und sucht euch eine andere Qualität aus, die euch jetzt gerade einfällt. Drückt sie wiederum mit eurem Körper aus in der Art, wie ihr euch bewegt. Und laßt sie auch in irgendeiner Art Interaktion mit anderen Gruppenmitgliedern einfließen. Registriert dabei, welche Vorteile euch diese Qualität bietet und wie ihr euch dabei fühlt. Und nun setzt euch bitte wieder in Bewegung. (1–2 Min.)

Nun bleibt bitte wieder stehen. Und diesmal unterlaßt es bitte, euch auf irgendeine einzelne Qualität zu konzentrieren. Stellt euch einfach vor, es wäre euch möglich, zur gleichen Zeit ein Bewußtsein all der verschiedenen Qualitäten, über die ihr verfügt, zu haben. Das ist natürlich de facto unmöglich, und man kann es sich nur vorstellen. Also, stellt euch vor, ganz und gar im inneren Kontakt zu all euren Qualitäten und Stärken zu sein, und überlaßt es diesmal eurem Körper, wie er das beim Gehen ausdrücken kann. Schließt in diese dritte Runde auch wieder einige Interaktionen mit anderen Gruppenmitgliedern ein und registriert ganz neugierig und aufmerksam, was diesmal geschieht. (1–2 Min.)

Vielen Dank. Stoppt bitte und schüttelt Arme und Beine aus. Holt ein paarmal tief Luft und kehrt an euren Platz zurück. Wir können dann hören, was ihr dabei erlebt habt.

☆ ☆ ☆

26 *Wünsche*

Ziele

Wenn wir etwas tun, was uns tief befriedigt, wenn wir ganz bei der Sache sind, dann können wir sehr viel Energie mobilisieren und lange arbeiten, ohne daß wir ermüden oder uns verspannen. Leider können wir nicht immer so vorgehen. Bei vielen Aufgaben und Beschäftigungen melden sich andere Wünsche und Bedürfnisse, die wir oft jedoch nicht wahrnehmen. Dieses stumme Konzert unserer Wünsche ist eine klassische Quelle für Verspannungen, innere Unruhe und Streß. In dem folgenden Experiment machen wir die Teilnehmer darauf aufmerksam, daß es von Zeit zu Zeit sehr heilsam ist, auch die Wünsche und Bedürfnisse zur Kenntnis zu nehmen, die in der aktuellen Situation nicht erfüllt werden sollen.

Anleitung

Manchmal fühlen wir uns unruhig oder frustriert oder gestreßt, und wir wissen nicht warum. Dann kann es gut sein, wenn wir uns eine ganz einfache Frage stellen, nämlich: Was möchte ich jetzt? Wir haben gelernt, uns zu konzentrieren und diszipliniert vorzugehen. Dabei kommt es natürlich immer wieder vor, daß wir die ganze Vielfalt unserer inneren Stimmen ausblenden und uns selbst einreden, daß wir ein ziemlich einheitliches, recht vernünftiges Wesen wären. Das ist eine Illusion. Und alles, was wir in uns nicht wahrnehmen, kann zu einer Quelle von Störungen und Verspannungen werden. Ihr könnt euch gleich selbst überraschen lassen, wieviel Wünsche sich in euch melden, wenn ihr ihnen Gelegenheit dazu gebt.

Stellt bitte die Stühle zurück und beginnt gleich, im Raum herumzugehen. Jedesmal, wenn sich in euch ein Wunsch meldet, vernünftig oder unvernünftig, erfüllbar oder unerfüllbar, älter oder jünger, dann bleibt bitte kurz stehen und sagt diesem Wunsch, daß ihr ihn zur Kenntnis nehmt. Ihr müßt nicht entscheiden, was ihr mit diesem Wunsch tun wollt. Ihr müßt ihn auch nicht kommentieren, nehmt ihn einfach wohlwollend zur Kenntnis. Und dann könnt ihr wieder weitergehen. Ignoriert möglichst die anderen Gruppenmitglieder und ihr Gehen und Stehenbleiben. Bleibt bei euch selbst und euren Wünschen, die vielleicht blitzartig durchs Bewußtsein fliegen wie Feuerwerk in einer Sommernacht. Und beim längeren Gehen könnt ihr vielleicht bemerken, daß die Wünsche ruhiger und vielleicht tiefer werden, daß sich eure Stimmung etwas verändert. Und vielleicht bleibt ein wichtiger Wunsch übrig, bei dem ihr feststellt, daß er wirklich irgendeine Antwort verdient. (3–4 Min.)

Nun stoppt bitte und kommt zu eurem Platz zurück, und vielleicht ist es interessant zu hören, was eure Wünsche mit euch gemacht haben.

☆ ☆ ☆

Kapitel 4

▼

Meditatives Malen

27 Farben

Ziele

Es hat sich gezeigt, daß Malen einen hohen therapeutischen Wert haben kann, vorausgesetzt, wir stellen unsere Ambition nicht in den Vordergrund und benutzen Farben und Formen als Möglichkeit, innere Vorgänge auszudrücken. Wenn wir uns durch Worte ausdrücken, ist unser Bewußtsein sozusagen der Chefredakteur, der unsere Gedanken und Gefühle in irgendeiner Weise verstanden bzw. gebilligt haben muß. Wenn wir uns beim Malen durch unsere Intuition ausdrücken, dann hat unser Unbewußtes eine Chance, sich zu artikulieren, und wir gewinnen dadurch so etwas wie heilende Spontaneität.

In dem folgenden Experiment können die Teilnehmer die neugierige Haltung eines kleinen Kindes annehmen und sich auf ganz einfache Weise auf dem Papier ausdrücken, und zwar sowohl mit der rechten als auch der linken Hand. Es ist erstaunlich, wie schnell dabei innere Ruhe einkehrt und eine aufgeschlossene, ausgeglichene Stimmung.

Material: Für jeden Teilnehmer einige Blätter weißes Zeichenpapier (DIN A4) und Ölkreiden in verschiedenen Farben.

Anleitung

Ich weiß nicht, wann ihr das letzte Mal gezeichnet oder gemalt habt, aber ich vermute, daß jeder von euch als kleines Kind gern „gemalt" hat. Wenn wir als Erwachsene Kindern zuschauen, die malen, dann können wir immer verblüfft sein über die Versunkenheit des Kindes in seine Arbeit. Wir sind bewegt, wenn uns das Kind nachher seine Schöpfung zeigt, glücklich und strahlend.

Unsere Fähigkeit, uns durch Farben und Formen auszudrücken, ist etwas sehr Geheimnisvolles, und niemand kann genau sagen, warum auch Erwachsene so ein tiefes Gefühl von Zufriedenheit und innerer Kraft dabei entwickeln können.

Ich möchte, daß ihr euch gleich ein paar Minuten Zeit nehmt, um etwas zu tun, was ihr als Kinder auch schon gekonnt habt. Nehmt euch bitte

KAPITEL 4: MEDITATIVES MALEN

einige Blätter Papier und ein paar Ölkreiden und sucht euch einen Platz im Raum, wo das Licht und die Atmosphäre für euch stimmen. Wenn ihr gleich beginnt, dann fangt an mit Farben, die euch auf den ersten Blick gefallen. Zeichnet mit der rechten Hand irgendwelche Linien, Punkte und Striche, Muster und Kritzeleien, so wie es ein Kind machen würde, das auch gar nicht daran interessiert ist, figürlich zu zeichnen. Drückt euch ganz einfach aus und versucht nicht, irgendeine Komposition, irgendwelche Symbole oder irgendeine abstrakte Botschaft auszudrücken. Benutzt auch keine Worte. Spielt mit den Farben und überlaßt eurer Hand die Regie. Laßt euch überraschen, was dabei entsteht. Wenn ihr wollt, könnt ihr auch zunächst für jede Farbe ein separates Blatt benutzen, und vielleicht stellt ihr fest, daß euch ein kräftiges Orange zu ganz anderen Bewegungen mit der Ölkreide inspiriert als ein helles Türkis. Experimentiert auch mit der Quantität der Farbe, die ihr auf das Papier bringt. Manchmal ist euch vielleicht danach, ganz wenig Farbe auf das Papier zu bringen, manchmal bekommt ihr Lust, viel flächiger zu arbeiten. Und von Zeit zu Zeit könnt ihr mit eurem Bewußtsein nach innen gehen, um nachzuspüren, welches innere Echo die Farbe, mit der ihr gerade malt, hervorruft. (Ca. 5 Min.)

Nun wiederholt eure Experimente, indem ihr diesmal die linke, schreibungewohnte Hand benutzt. Überlaßt diesmal die Regie jener Hand, die in unserer Kultur so sehr benachteiligt ist. Wenn ihr dieser Hand zuschaut, dann ist das gleichzeitig eine Lektion über das kreative Potential von Minoritäten... (5 Min.)

Und nun breitet all die Blätter vor euch aus und laßt sie eine Weile auf euch wirken. Findet im stillen irgendeine Art Überschrift oder ein Motto, das zu all euren Grafiken paßt... (2 Min.)

☆ ☆ ☆

28 Miniatur I

Ziele

Schon sehr früh haben unsere Vorfahren begonnen, den eigenen Körper zu bemalen. Wir knüpfen an diese uralte Tradition mit einem einfachen, aber gleichwohl sehr wirksamen Paarexperiment an. Es verstärkt das Gefühl von Zugehörigkeit und vermittelt so etwas wie neugierige Ruhe und Konzentration.

Anleitung

Ich möchte euch zu einer kleinen erfrischenden Aktivität einladen, die ihr alleine nicht zustande bringen könnt. Kommt daher immer zu zweit zusammen und sucht euch jemanden aus, dessen Präsenz euch im Augenblick angenehm ist. Sucht euch einen Platz im Raum, wo ihr zusammen sitzen oder stehen könnt. Findet bitte heraus, wer von euch der ältere ist. Ich möchte, daß der Ältere zunächst die Augen schließt und dem Partner die Stirn zuwendet. Und der Partner soll gleich auf die Stirn des Älteren eine kleine Miniatur malen, und sein Pinsel ist irgendeine Fingerspitze. Gebt euch einen Augenblick Zeit, um das Bild irgendeiner friedlichen Landschaft vor eurem inneren Auge zu sehen, das ihr dann dem Partner auf die Stirn malen könnt. Und wenn ihr dann zu Werke geht, könnt ihr euer Malen mit ein paar Worten begleiten, nicht zuviel, nicht zuwenig, damit der Ältere die Chance hat, auf diesem ungewöhnlichen Wege ebenfalls das Bild dieser Landschaft auf seine ganz persönliche Weise in sich entstehen zu lassen. Habt ihr verstanden, was ich meine? (3–4 Min.)

Und nun wechselt bitte die Rollen, die Stirn des Jüngeren wird jetzt sozusagen der Untergrund, auf dem der ältere Partner seine Miniatur entwerfen kann, und begleitet euer Vorgehen mit sparsamen Bemerkungen. (3–4 Min.)

Stoppt nun und gebt euch ein paar Minuten Zeit, um euch auszutauschen über das, was ihr dabei beobachtet und erlebt habt.

☆ ☆ ☆

Miniatur II 29

Ziele

Wir benutzen hier eine ähnliche Vorgehensweise wie in Experiment 28. Das Thema ist hier allerdings das „innere Kind". Auf ganz einfache Weise schenken wir dem inneren Kind Aufmerksamkeit und laden es ein, etwas von seiner Kreativität, Friedfertigkeit und Spontaneität zur Verfügung zu stellen.

Anleitung

Ich nehme an, daß die meisten von euch das psychologische Konzept vom inneren Kinde kennen. Auch unsere Umgangssprache scheint davon zu wissen, so z.B. in der Redensart vom Kind im Manne. Und ich möchte allen Männern und Frauen Gelegenheit geben, auf eine ungewöhnliche und überraschende Art Kontakt mit den kindlichen Aspekten der Person aufzunehmen. Kommt bitte immer zu zweit zusammen und wählt diesmal jemanden aus, der euch schon etwas kennt und zu dem ihr Vertrauen habt... Stellt oder setzt euch nebeneinander und findet heraus, wer von euch beiden den längeren Vornamen hat. Die Person mit dem längeren Vornamen soll dem Partner gleich ihre linke Hand geben und dann die Augen schließen. Der Partner soll diese Hand halten und einen Augenblick abwarten, um innerlich ein Bild zu sehen, das das Gruppenmitglied mit dem längeren Vornamen als kleines Kind zeigt. Vielleicht im Alter zwischen zwei und drei Jahren.

Benutzt eure Intuition, um in der Lebensgeschichte des Partners zurückzugehen in die frühe Kinderzeit, in die Zeit der ersten Selbständigkeit und der Erkundung der Welt, in die Zeit des neugierigen Spielens und Lernens. Und wenn ihr eine gewisse Vorstellung entwickelt habt, dann könnt ihr das Bild dieses kleinen Kindes in die Hand des Partners malen. Am besten laßt ihr euch irgendeine typische Situation einfallen, die ihr mit diesem Kind gut in Verbindung bringen könnt. Zeichnet das Bild dieses kleinen Kindes ganz zart mit der Fingerspitze in die Hand des anderen, und wenn ihr wollt, könnt ihr mit der einen oder anderen Bemerkung eurem Partner die Orientierung erleichtern. Gebt dem Bild des Kindes so viele Details, bis ihr mit eurer Darstellung zufrieden seid. Habt ihr verstanden, was ich meine? (3–4 Min.)

Und nun wechselt bitte die Rollen und geht ähnlich vor wie in der ersten Runde... (3–4 Min.)

Laßt euch jetzt ein paar Minuten Zeit, um euch über eure Erfahrungen und Beobachtungen auszutauschen.

☆ ☆ ☆

Die Entdeckung der Langsamkeit   30

Ziele

Zum Glück haben wir die Fähigkeit zu ganz unterschiedlichen geistigen Rhythmen. Manchmal gehen wir schnell und zügig vor, und bei anderen Gelegenheiten lassen wir uns eher von einer Schnecke inspirieren und gönnen uns eine langsamere Gangart. Wann immer wir Streß erleben, ist das ein Hinweis auf ein Rhythmusproblem. Ein Teil von uns will schnell voran, ein Teil benötigt ein langsameres Tempo, aber die unterschiedlichen Stimmen in uns sind nicht gut koordiniert. Diese mangelnde Koordination erleben wir dann als Belastung. Um erneut den Ansatz zu einem koordinierten Vorgehen zu finden, tun wir gut daran, wenn wir ganz bewußt langsam und ruhig werden, damit unser Unbewußtes Gelegenheit hat, uns bei der Neudefinition unserer Prioritäten zu beraten. In diesem Experiment können die Teilnehmer Erfahrungen sammeln mit der heilenden Kraft bewußt gewählter Langsamkeit.

Material: Für jeden Teilnehmer ein paar Blatt Zeichenpapier (DIN A4), verschiedenfarbige Ölkreiden.

Anleitung

Ich möchte euch eine ganz einfache Technik nahebringen, wie ihr euch in Zeiten von hohem Streß, innerer Unruhe oder schlechter Laune etwas regenerieren könnt. Diese klassische Strategie besteht darin, daß ihr eine Zeitlang ganz bewußt euer inneres Tempo langsamer und langsamer werden laßt. Ihr könnt das gleich tun, indem ihr euch einige Blätter Papier und ein paar Ölkreiden nehmt und mit eurem Vornamen experimentiert. Wählt euch eine passende Farbe und beginnt dann, euren Vornamen ganz langsam zu schreiben. Ihr könnt euch dabei vorstellen, daß vor der Spitze der Ölkreide eine Schnecke über das Papier kriecht, die ihr nicht überholen dürft. Und während ihr so langsam schreibt, habt ihr genügend

Zeit, um den Linien und Kurven der Schrift nachzuspüren, die das Wunder fertigbringt, einen Klang sichtbar zu machen. Und gleichzeitig bei diesem langsamen und aufmerksamen Schreiben könnt ihr nach innen hören, um abzuwarten, ob ihr euch selbst dabei irgendeine kleine praktische Empfehlung geben könnt. Und wenn euch irgend etwas eingefallen ist, könnt ihr auch diese kurze Empfehlung ganz, ganz langsam aufschreiben. (2–5 Min.)

Nun wiederholt das Ganze bitte mit der linken Hand. Schreibt euren Vornamen im Zeitlupentempo mit der Hand, mit der ihr normalerweise nicht schreibt. Überlegt vorher, ob ihr dieselbe Farbe benutzen wollt oder ob sich jetzt eine andere Farbe besser anfühlen würde. Auch hier könnt ihr beim Schreiben ein wenig über das Mysterium der Schrift meditieren und abwarten, ob euch euer unbewußter Geist wiederum eine kurze Empfehlung zukommen läßt. Notiert auch sie langsam, ganz langsam mit der linken Hand. (3–5 Min.)

Und nun laßt euch Zeit, im Schneckentempo mit der linken oder rechten Hand irgendwelche Linien oder Farbflächen auf das Papier zu setzen. Entwickelt ein Gespür dafür, daß euer Geist ganz andere Dinge produziert, wenn ihr euch für ein reduziertes Tempo entscheidet. Und bemerkt die seelischen Auswirkungen der Langsamkeit, bemerkt, wie eure Sinne ganz anders funktionieren, wie ihr vielleicht ganz anders atmet und wie ihr vielleicht empfinden könnt, daß ihr euch einheitlicher erlebt... (5 Min.)

☆ ☆ ☆

Tanz auf dem Papier 31

Ziele

Dies ist ein sehr vielseitiges Experiment, das die spezifischen Ausdrucksmöglichkeiten von Musik, Tanz und Malerei kombiniert, um den Energiefluß in jedem einzelnen Teinehmer geschmeidiger und natürlicher werden zu lassen. Die verschiedenen Aspekte des Selbst können Gelegenheit finden, sich harmonischer miteinander zu verbinden, so daß sich die Teilnehmer gesammelt und regeneriert fühlen können.

Material: Für jeden Teilnehmer ein großer Bogen Packpapier, Ölkreiden und Filzschreiber; außerdem benötigen Sie einen Rekorder und eine Kassette mit heiterer und friedlicher Musik wie z.B. „Music for Zen Meditation" von T. Scott oder „Inside the Tadj Mahal" von P. Horn.

Anleitung

Wir alle können unsere spezifischen Begabungen, mit denen wir geboren sind und die wir im Laufe unseres Lebens erworben haben, viel wirkungsvoller einsetzen, wenn wir die Kunst beherrschen, uns immer wieder zu regenerieren. Jeder von uns wird im Laufe der Zeit die Wege herausfinden, die ihm am besten helfen, Körper und Geist zu erholen und sich neue Inspiration zu verschaffen. Aber jeder sollte auch die Möglichkeit in Betracht ziehen, die ihm die verschiedenen Kunstgattungen anbieten. Auch wenn wir selbst nicht die Existenzform des Künstlers gewählt haben, können wir die Ausdrücksmöglichkeiten der Künste benutzen, um uns von den Belastungen und Abnutzungen des Alltags zu heilen.

Ich werde euch eine ganz einfache Sequenz zeigen, die ihr auch später zu Hause, wenn ihr für euch allein seid, reproduzieren könnt. Wenn ich gleich beginne, Musik zu spielen, dann zieht bitte die Schuhe aus und stellt euch irgendwo im Raum hin. Blendet dann bitte die Präsenz der anderen Gruppenmitglieder aus eurer Wahrnehmung aus und stellt euch vor, daß ihr ganz alleine hier seid. Dann könnt ihr herausfinden, wie ihr den Klängen der Musik mit eurem Körper folgen wollt. Überlaßt euch den Klängen und Rhythmen und überlaßt es eurem Körper, Beinen und Armen, Kopf und Rumpf, darauf zu antworten. Es ist völlig in Ordnung, wenn eure Aufmerksamkeit wie ein neugieriger, vielleicht sogar skeptischer Beobachter dabei ist, der zuschaut, wie sich euer Körper bewegt. (3–5 Min.)

Stoppt nun, kehrt zu eurem Platz zurück und setzt euch zu einem großen Bogen Papier und zu euren Malgeräten. Ich werde dieselbe Musik noch einmal abspielen, und diesmal könnt ihr euch von den Tönen und Rhythmen beim Malen inspirieren lassen. Benutzt abwechselnd die linke und die rechte Hand, ganz wie es euch einfällt, und kritzelt und malt irgendwelche Linien, die euch einfallen. Laßt eure Hand über das Papier tanzen und überlaßt es der Hand selbst, welche Richtung sie wählt und wieviel Farbe sie auf das Papier bringen möchte. Versucht weder ein Bild zu malen noch irgendein Symbol zu produzieren, sondern macht es eher so wie ein Schlittschuhläufer, der über das Eis gleitet. Und während ihr Stifte und Filzschreiber und Wachsmalkreiden über das Papier führt, könnt ihr auf die Bewegungen in Armen und Schultern achten. Findet irgendeinen Rhythmus, der nach und nach den ganzen Körper einbeziehen kann. Und vielleicht ist es auch gut, von Zeit zu Zeit dabei die Augen zu schließen. Und ihr werdet bemerken, wann es Zeit ist, mit anderen Farben zu experimentieren. (3–6 Min.)

Und stoppt nun und schaut euch all die Spuren der Musik an, die sich auf eurem Papier angesammelt haben. Fällt euch irgendeine Überschrift dazu ein?...

☆ ☆ ☆

Gefühle malen 32

Ziele

Bei diesem Experiment haben die Teilnehmer Gelegenheit, ihren Gefühlen Respekt und Aufmerksamkeit entgegenzubringen. Gleichzeitig können sie sich in der Kunst üben, sich auch von diesen Gefühlen zu distanzieren, ohne sie verleugnen zu müssen. Sie können lernen, ihre Gefühle zu transformieren, um sich selbst auf diesem Wege etwas besser zu verstehen. Besonders in Zeiten von Streß und Unruhe ist die hier vorgeschlagene Strategie ein gutes Hilfsmittel, innere Ruhe und einen klaren Fokus für das Bewußtsein zu finden.

Material: Für jeden Teilnehmer eine Reihe Zeichenblätter (DIN A4) sowie verschiedenfarbige Ölkreiden und Filzschreiber.

Anleitung

Manchmal gibt es im Leben Zeiten, wo wir durch unsere eigenen Gefühle irritiert sind. Es kann sein, daß sie so heftig sind, daß wir uns überwältigt fühlen, oder wir haben Schwierigkeiten, diese Gefühle zu verstehen und etwas daraus zu machen. Wann immer wir das Bedürfnis haben, unseren Gefühlen passende Proportionen zu geben, ohne sie zu verdrängen, können wir eine Strategie anwenden, die ich euch mit dem folgenden Experiment nahebringen werde.

Setz dich bequem und entspannt hin und richte deine Aufmerksamkeit auf die Gefühle und die Stimmung, die im Augenblick in dir vorhanden sind... Und wenn diese Gefühle eine Farbe hätten, was wäre das dann für eine Farbe? Wenn diese Gefühle irgendeine Form hätten, was wäre das für eine Form?... Und wenn diese Gefühle einen Klang hätten, was wäre das dann für ein Klang?... Wenn diese Gefühle einen Duft hätten, was wäre das dann für ein Duft?... Wenn du die Oberfläche dieser Gefühle mit den Fingerspitzen abtasten könntest, wie würde sich die Oberfläche dann anfühlen?... Du kannst gleich beginnen, diese Gefühle auf das Papier zu malen. Wähle Farben, die im Augenblick dazu passen, und benutze die Hand, die normalerweise nicht schreibt. Überlaß deiner Hand die Regie

KAPITEL 4: MEDITATIVES MALEN

und folge mit deiner Aufmerksamkeit diesem Prozeß, neugierig und aufmerksam. Das Bild, das entsteht, muß in keiner Weise figürlich oder symbolisch sein. Es ist völlig ausreichend zu kritzeln, abstrakte Formen zu malen, Linien oder irgendwelche grafischen Muster. Laß dein Bild zum äußeren Ausdruck der inneren Gefühle werden, wie sie im Augenblick da sind bzw. wie sie sich dabei vielleicht auch entwickeln.

Du kannst verschiedene Blätter benutzen, numeriere die Blätter in der Reihenfolge des Entstehens, und wenn du das Empfinden hast, daß du ein neues Blatt beginnen möchtest, dann wechsle das Papier. Und vielleicht bringen die verschiedenen Blätter zum Ausdruck, wie sich deine Gefühle in dieser Situation entwickeln. Vielleicht hast du auch Lust zu einigen „historischen" Skizzen, die zeigen, wie du bei anderen Gelegenheiten diese Art von Gefühlen gelebt hast. Oder vielleicht machst du auch einen Vorgriff auf die Zukunft, um darzustellen, wie du diese Gefühle in Zukunft erleben möchtest. Und wenn dir zu einem fertiggestellten Blatt irgendein Titel oder eine Überschrift einfällt, dann notiere es bitte gleich auf dem Blatt. Habt ihr verstanden, was ich meine?... Dann könnt ihr jetzt beginnen... (5–10 Min.)

Stoppt bitte und legt jetzt die Papiere vor euch nebeneinander aus in der Reihenfolge des Entstehens. Bemerkt Ähnlichkeiten und Unterschiede und die ganze Skala möglicher Entwicklungen. Gebt eurem unbewußten Geist die Chance, etwas aus diesem Experiment zu lernen. Vielleicht fällt euch gleich irgend etwas Interessantes dazu ein. Vielleicht wird es erst später der Fall sein. Ihr könnt diese Art und Weise, respektvoll die eigenen Gefühle zu erforschen, auch später anwenden, wenn ihr schwierige Gefühle erlebt...

☆ ☆ ☆

Spannung und Entspannung malen 33

Ziele

Dies ist eine hervorragende Möglichkeit, die eigenen typischen Streßsymptome zu bemerken und sensibler für ihre Entstehung zu werden. Für eine wirksame Streßprophylaxe kann es entscheidend sein, rechtzeitig die Vorboten zu identifizieren, um das eigene Verhalten zu korrigieren.

Material: Für jeden Teilnehmer einige Blätter Zeichenpapier und eine Schachtel mit Ölkreiden.

Anleitung

Jeder von uns erlebt immer wieder Zeiten innerer Anstrengung, wo wir bemerken, daß die Tätigkeit, auf die wir konzentriert sind, viel Energie verbraucht. Solange wir feststellen können, daß wir vorankommen, daß wir geistig beweglich bleiben, um uns den Weg zu bahnen über verschiedene große und kleine Hindernisse, ist alles ok. Wenn wir jedoch feststellen müssen, daß unsere Anstrengung unsere Kreativität beeinträchtigt, daß wir uns unsicher fühlen, die benötigten geistigen Entscheidungen zu treffen, dann wird unsere Anstrengung zu Anspannung und kontraproduktiv. Diese Art Streß ist alles andere als gesund und ein Zeichen dafür, daß wir uns aus irgendeinem Grunde verrannt haben. Es ist nützlich, wenn wir solche Sackgassen erkennen und rechtzeitig innehalten, um uns neu zu orientieren. Ihr könnt euch gleich etwas Übung verschaffen, solche unproduktiven Streßsituationen in eurem Leben schnell zu erfassen. Laßt euch dazu solche Streßsituationen einfallen, die im Aufbau und Ablauf irgendwie ähnlich sind und die in eurem Leben häufiger vorkommen. Dann malt ein Bild dieser Anspannung, und ihr seid ganz frei, wie ihr dieses Bild gestaltet. Es kann ein abstraktes Bild sein oder ein Kritzelbild. Es kann ein symbolisches Bild sein oder ein ganz realistisches Bild, das euch selbst zeigt in einem Zustand der Anspannung. Benutzt die

Farben, die dazu passen, und stimmt auch die Größe des Bildes auf eure persönliche Situation ab. Laßt euch dafür ungefähr zehn Minuten Zeit. (10 Min.)

Legt das Bild bitte jetzt beiseite und geht in einen Zustand angenehmer Entspannung. Benutzt dazu die Hilfsmittel, die euch vertraut sind, vor allem auch die Möglichkeit, tief und vollständig zu atmen. Und wenn ihr das Empfinden habt, daß ihr euch körperlich und geistig entspannt habt, dann könnt ihr darangehen, diesen Zustand des Loslassens und der Lockerheit in einem zweiten Bild darzustellen. Benutzt auch hier wieder eine Darstellungsweise, die zu eurem persönlichen Erleben am besten paßt. (Ca. 10 Min.)

Wenn ihr euer Bild der Entspannung beendet habt, dann legt beide Bilder nebeneinander und entwickelt ein inneres Empfinden für die Unterschiede zwischen Anspannung und Entspannung. Und ihr könnt euch vornehmen, darüber nachzudenken, was ihr tun könnt, wenn ihr feststellt, daß ihr euch in unproduktiven Streß zu verstricken droht. Sicher können wir das nicht immer verhindern, aber in vielen Situationen können wir vorbeugen. Und wir können unser Leben viel mehr genießen und viel produktiver arbeiten, wenn wir Körper und Geist rechtzeitig eine Erfrischung gönnen.

☆ ☆ ☆

Landkarte des Bewußtseins 34

Ziele

Dies ist eine hervorragende Möglichkeit, um in einer komplizierten Situation die Übersicht zu gewinnen. Die vorgeschlagene Strategie sorgt für eine gute Balance zwischen den emotionalen und den intellektuellen Aspekten.
Material: Papier und Bleistift.

Anleitung

Manchmal fühlen wir uns gestreßt, weil uns eine Situation kompliziert vorkommt. Wir möchten die Situation vielleicht besser verstehen, wir haben vielleicht den Wunsch, keine wichtigen Aspekte zu übersehen, wir möchten Gesichtspunkte gewinnen für produktive eigene Schritte, wie wir vorgehen können. In diesem Fall können wir uns sehr schön helfen, wenn wir die Strategie anwenden, mit der ihr gleich ein erstes Mal experimentieren könnt. Laßt euch irgendein Problem einfallen, das euch z.Zt. in irgendeiner Weise beschäftigt und worauf ihr noch keine befriedigende Antwort gefunden habt. Dann könnt ihr beginnen, eine geistige Landkarte für dieses Problem zu zeichnen.

Zeichnet alle Aspekte des Problems, die euch schon bewußt sind, entweder figürlich oder symbolisch oder allegorisch oder durch irgendwelche Linien oder durch irgendwelche Kritzeleien. Das Ziel ist nicht Schönheit oder auch nicht die Lösung des Problems, sondern eine möglichst reichhaltige Veranschaulichung all der wesentlichen Fakten und all der Möglichkeiten. Und das Angenehme daran ist, daß ihr euren Geist so arbeiten lassen könnt, wie ihr beim Problemlösen am liebsten vorgeht, nämlich bildhaft. Es kann sein, daß ihr im Prozeß des Zeichnens neue Elemente entdeckt, die ihr vorher nicht im Auge hattet. Malt so lange weiter, bis ihr selbst das Empfinden habt, daß ihr eine gewisse Übersicht über die problematische Situation gewonnen habt. Und vielleicht enthält euer Bild auch einige Ansatzpunkte für Handlungsmöglichkeiten, die ihr in Betracht ziehen wollt. Wenn ihr euer Bild beendet habt, dann betrachtet es in aller Ruhe und prüft nach, ob ihr euch jetzt etwas ruhiger und kompetenter, sicherer und geistig beweglicher fühlen könnt... (10 Min.)

☆ ☆ ☆

Kapitel 5

Heilende Farben

35 Die Kraft der Farben

Ziele

Farben machen unsere Welt lebendig, und sie können einen wichtigen Beitrag leisten, daß wir uns gesund und vital, optimistisch und schöpferisch fühlen können. Die folgende Farbphantasie zeigt den Teilnehmern, wie sie depressive und graue Stimmungen durch ein Feuerwerk von Farben auflösen können.

Anleitung

Wenn wir am Morgen die Garderobe für den Tag zusammenstellen, dann treffen wir auch Entscheidungen über Farben. Wahrscheinlich gibt es einige in unserem Kreis, die das ganz bewußt tun, die Farben auswählen, die ihnen an diesem besonderen Tag guttun. Und vielleicht ist es so, daß wir alle noch mehr von den Farben profitieren können, von den Farben unserer Kleidungsstücke und vor allem auch von den Farben, die wir mit den Augen der Phantasie sehen können.

Ich möchte euch alle zu einem kleinen Experiment einladen, das euch ein breites Spektrum von Farben und Gefühlen erschließen kann. Setz dich bequem hin und schließ deine Augen. Hole ein paarmal tief Luft und bring dich in einen Zustand angenehmer Entspannung... Und nun kannst du in deiner Phantasie an einen Platz reisen, der die Erde in ihrer ganzen Schönheit zeigt, und an einen Platz, der darüber hinaus eine Stimmung des Friedens ausstrahlt. Laß das einen Platz sein, der dir einen weiten Blick ermöglicht bis an die Grenzen des Horizonts. Das kann ein Feld sein, es kann die Meeresküste sein, ein Berggipfel oder eine weite Steppe oder Wüstenlandschaft. Stell dir vor, daß du in dieser Landschaft stehst, die Füße fest auf dem Boden, und du genießt den Anblick der Natur und du läßt dieses Bild tief in dein Bewußtsein einfließen. Du spürst diese Harmonie, und auch deine Gedanken bewegen sich harmonisch.

Nun kannst du dir vorstellen, daß auf dem Boden vor dir eine große Kristallschale steht. Diese Schale ist im Moment noch leer, aber sie scheint darauf zu warten, daß sie gefüllt wird. Du nimmst diese Schale in beide Hände und hebst sie hoch. Sie ist gut anzufassen, und obgleich ihr wirkli-

KAPITEL 5: HEILENDE FARBEN

ches Gewicht beträchtlich ist, fühlt sie sich leichter an. Dabei geschieht etwas Seltsames. Wie du die Schale vom Boden hochhebst, setzt sich diese Bewegung fort und die Schale steigt weiter und weiter empor, und du folgst ihr und hältst sie leicht in beiden Händen. Die Schale scheint zu wissen, wohin sie fliegen möchte. Du läßt dich von ihr führen. Schnell und leicht gleitest du über die Erde, und dabei bemerkst du, daß die Kristallschale eine andere Farbe annimmt. Sie wird zuerst zartgrün, dann wird das Grün immer intensiver, und dir wird klar, daß du bei deinem Flug über die Erde Grün einsammelst. Das Grün der Pflanzen und Bäume, der Felder und Wälder, das Grün, mit dem die Pflanzen das Licht der Sonne einfangen, um es zur Basis ihres und unseres Lebens zu machen.

Und allmählich ist deine Schale voll mit lebendigem Grün. Du kehrst zurück an den Platz, von dem aus du gestartet bist, und landest sanft und elastisch auf beiden Beinen. Du schaust dich um und entdeckst, daß dort eine Frau auf dich wartet. Das kann ein junges Mädchen sein oder eine reife Frau oder auch eine ganz alte Frau. Und plötzlich verstehst du, daß die Mythologie für dich lebendig geworden ist und daß du der Verkörperung von Mutter Erde gegenüberstehst. Sie hält die Hände zu einer Schale geformt, und darin sind zahllose grüne Smaragde und Jadekugeln. Sie fallen aus ihren Händen in deine Schale und verwandeln sich dort in feinen, glitzernden, grünen Edelsteinstaub, der herumwirbelt und sich mit dem mitgebrachten Grün der Pflanzen vermischt. Und die Gestalt von Mutter Erde nimmt die Schale und schüttet ihren Inhalt über dich. Das Grün, die Wachstumsenergie der Pflanzen fließt über dich und in dich hinein. Du spürst, wie dieses intensive Grün dich erfrischt und reinigt und dir Kraft gibt. Und jede einzelne Zelle in dir nimmt etwas von diesem leuchtenden Wachstumsgrün in sich auf...

Du genießt diesen magischen Vorgang, und du hättest nie geglaubt, daß du ein Grün mit deinem ganzen Körper auf diese Weise spüren könntest. Du holst ein paarmal tief Luft, um dieses Gefühl der Frische und Vitalität in dir zu verankern, und dann siehst du, daß die Schale leer ist und auf dich wartet. Du nimmst sie wieder in beide Hände und gehst mir ihr auf einen zweiten Flug. Diesmal sammelst du das Blau des Himmels und auf deinem Flug über Meere und Seen das Blau des Wassers. Bei der Rückkehr zu deinem Ausgangsplatz wartet wieder Mutter Erde auf dich. Diesmal hält sie Saphire und Türkise in den Händen. Sie streut sie in deine Schale, und dann gießt sie die Schale mit dem glitzernden Blau über dich aus, und du spürst, wie dir dieses Blau guttut. Deine Gedanken und Gefühle genießen dieses Blau, und sie fühlen sich jünger und frischer an.

KAPITEL 5: HEILENDE FARBEN

Wiederum startest du in den Himmel mit deiner Kristallschale, und diesmal fliegst du über Gärten und Wiesen, die mit Blumen übersät sind. Du sammelst die Farbe des Lavendels ein, von Veilchen, Lilien, Petunien, Orchideen und von Schwertlilien. Und deine Schale strahlt lavendelfarben, als du auf deinem Platz des Friedens erneut landest. Die Erdmutter streut Amethyststaub in deine Schale und gießt ihren Inhalt dann über dich und in dich hinein. Und dein spirituelles Selbst saugt diese Farbe in sich auf, und es dehnt sich aus und füllt eine Weile deinen ganzen Geist und deinen ganzen Körper aus... Du öffnest dich und fühlst dich geliebt.

Noch einmal fliegst du mit deiner Schale durch den Himmel. Du gleitest schwerelos über die Erde, und diesmal sammelst du frisches Weiß ein, von Callas, weißen Nelken und weißen Rosen. Du sammelst das Weiß des Schnees ein und die weißen Schaumspitzen der Wellen. Dann fügst du einen Hauch Gold hinzu von weiten Weizenfeldern, die du überfliegst. Auf dem Rückflug füllst du deine Schale bis zum Rand mit dem weißen Licht der Sonne und kommst zurück zu deinem Platz des Friedens und der Schönheit. Die Erdmutter steht da, und in ihren Händen hält sie glitzernde Diamanten, und Sonnenstrahlen brechen sich in den Diamanten und lassen sie in den Farben des Regenbogens aufleuchten. Und du streckst deine Schale voll Licht der Erdmutter entgegen, und sie streut Diamantstaub hinein, und dann wölbt sich ein leuchtender Regenbogen über deine Schale, umgeben von glitzernden, und strahlendem Licht.

Die Erdmutter nimmt deine Schale und schüttet all dieses Licht über deinem Kopf aus, und das Licht umgibt dich in spiralförmigen Kreisen von Kopf bis Fuß. Und jeder Teil deines Körpers, Denken und Geist, alles fühlt sich belebt an. Und du kannst spüren, daß du in Harmonie mit dir selbst und der Welt bist. Du genießt einen Augenblick dieses einzigartige Gefühl. Und dann dankst du der Erdmutter für ihre Gaben und dafür, daß sie dich mit Licht, Frieden, Optimismus und Gesundheit beschenkt hat. Und du verabschiedest dich bei ihr, so wie es dir nun passend erscheint...

Wenn du nun langsam mit deinem Bewußtsein hierher zurückkommst, behältst du diese Erfahrung in deinem Gedächtnis, und du kannst es dir gestatten, mehr über die heilende Kraft der Farben nachzudenken und auf welche Weise du die Farben der Natur in Zukunft benutzen kannst, dein Leben besser und segensreicher zu machen. Und wann immer dir danach ist, kannst du auch diese Reise wiederholen, festen Grund auf der Erde finden und deine Schale und dein Leben mit der Kraft der Farben anfüllen. Öffne nun die Augen, sei wieder hier bei uns allen, erfrischt und wach.

Farben atmen I 36

Ziele

Mit diesem Experiment können Sie Ihren Teilnehmern einen Weg zeigen, wie sie Verspannungen auflösen und das betroffene Gebiet lockerer und besser durchblutet sein lassen können.

Anleitung

Jeder von uns hat Zonen des Körpers, die besonders in Zeiten von Streß dazu neigen, sich anzuspannen. Wenn diese Anspannung chronisch wird, dann empfinden wir eine eingeschränkte Beweglichkeit und manchmal auch Schmerzen. Bedenklich ist vor allem, daß die Blutzirkulation in diesem Gebiet eingeschränkt ist, so daß die Entgiftung des Körpers und die Versorgung der in der Nähe befindlichen wichtigen Organe leidet. Wir können diesen zur Verspannung neigenden Stellen unseres Körpers sehr helfen, indem wir ihnen mehr Aufmerksamkeit schenken. Je intensiver unsere Aufmerksamkeit sein wird, desto weiter werden sich unsere Blutgefäße öffnen, und wir können das dann an einem Gefühl der Wärme und des Wohlbehagens merken. Wir können unsere Aufmerksamkeit auf eine ganz spezifische Weise dorthin wenden, indem wir nämlich dabei atmen und uns ganz bestimmte Farben vorstellen.

Setz dich bequem hin und schließe die Augen. Atme ein paarmal tief und laß dein Bewußtsein dabei über und durch deinen Körper wandern. Such dir eine Stelle deines Körpers aus, die sich häufig angespannt fühlt.

Nun stell dir vor, daß vor deinem Kopf eine Wolke schwebt mit unendlich vielen glitzernden, strahlenden, rosafarbenen Lichtpunkten. Und diese Lichtpunkte sprudeln durcheinander wie die Bläschen in einem Champagnerglas. Und nun kannst du, indem du durch die Nase einatmest, ein paar Atemzüge von diesem frischen, strahlenden Rosa in dich hineinziehen. Und laß diese rosafarbene Luft zunächst ein angenehmes warmes Gefühl in deinem Brustraum erzeugen... (1 Min.)

Und wenn du gleich wieder rosafarbene Luft einatmest, dann stell dir vor, daß du diese Luft beim Ausatmen in den verspannten Körperteil schickst, den du dir ausgesucht hast. Mach nach dem Einatmen eine kleine Pause und halte den Atem an und stell dir das betroffene Körpergebiet ganz deutlich vor. Halte den Atem für fünf bis zehn Sekunden an und laß ihn dann beim Ausatmen in deiner Phantasie in den verspannten Bereich fließen. Stell dir vor, wie dabei die großen und kleinen Blutgefäße weiter werden, wie mehr Sauerstoff führendes Blut in dieses Gebiet fließen kann und wie die Muskulatur wieder weicher und geschmeidiger wird. Wenn du all die rosafarbene Luft in dieses Gebiet geblasen hast, das du heilen möchtest, dann danke diesem Gebiet im stillen, daß es schon so lange für dich gearbeitet hat und dazu beigetragen hat, daß du deinen Körper benutzen kannst. Und wenn es dir möglich ist, dann kannst du diesen Dank ausdehnen und für die Gesundheit, die du genießt, auch deinem Schutzengel oder Gott oder welchem höheren Wesen du dich verbunden fühlst, danken. Dann kannst du erneut rosafarbenen Atem in dieses von dir ausgewählte Gebiet senden und wiederum genauso verfahren, wie ich es eben beschrieben habe. Und du kannst gleich starten, dreimal in der beschriebenen Weise rosafarbenen Atem zu deiner Heilung einzusetzen... (2–3 Min.)

Damit ihr euch wirklich selbst helfen könnt, ist es empfehlenswert, daß ihr dieses Atemexperiment eine ganze Zeitlang wiederholt, am besten morgens nach dem Aufwachen und abends kurz vor dem Einschlafen. Auf diese Weise werdet ihr euch die Kooperation eures Unbewußten sichern und zu einer dauerhaften Verbesserung eures Wohlbefindens selbst beitragen. In der Zwischenzeit ist es am besten, daß ihr nicht weiter an die ganze Geschichte denkt, nach dem Motto: A watched pot never boils.

Und nun komm zurück mit deiner Aufmerksamkeit. Recke und strecke dich ein wenig und öffne die Augen, erfrischt und wach.

☆ ☆ ☆

Farben atmen II   37

Ziele

In Zeiten, wo besonderer Streß zu erwarten ist, wo es gilt, spezielle geistige und seelische Belastungen zu bewältigen, kann das folgende Atemexperiment sehr hilfreich sein.

Anleitung

Wann immer ihr das Gefühl habt, daß euch besondere Gefahren drohen oder daß ihr spezifische Belastungen durchstehen müßt, dann könnt ihr eure Energiereserven auf folgende Weise wirksam ergänzen.

Setz dich bequem hin und schließ die Augen. Laß dir irgendeine besondere Belastung einfallen, die du in naher Zukunft bewältigen willst. Stell dir vor, auf welche Weise diese Belastung deinen Körper herausfordern wird, worin die Schwierigkeiten für deinen Geist liegen werden und welche Gefühle dabei besonders aktiviert werden...

Und nun stell dir vor, daß sich an deinen Füßen eine Wolke aus purpurfarbenem Licht bildet, die langsam nach oben steigt und nach und nach deinen ganzen Körper einwickelt. Und sobald diese purpurfarbene Wolke deinen Kopf erreicht hat, kannst du das purpurne Licht einatmen und beim Ausatmen damit deine Brust, dein Herz und deinen Geist anfüllen. Wenn du weiter Purpur einatmest und dich damit mehr und mehr füllst, kannst du Gott oder irgendeine höhere beschützende Macht, mit der du dich verbunden fühlst, darum bitten, daß du diese Herausforderung angemessen bestehen kannst. Und du kannst deine Bereitschaft erklären, daß du selbst dein Bestes tun wirst und daß du ansonsten den Ausgang dieser Sache in die Hand deiner höheren Macht legst.

Unmittelbar im Anschluß daran kannst du dir vorstellen, daß dich eine Glocke von hellem, weißen Licht, beginnend beim Kopf, umgibt bis hinab zu den Füßen, und diese strahlende Lichtglocke kann dich zusätzlich schützen, so daß dein inneres Selbst nicht bedroht ist.

Nimm dir jetzt etwas Zeit, um einmal durch diesen Zyklus hindurchzugehen. (2–3 Min.)

KAPITEL 5: HEILENDE FARBEN

Wenn du gleich mit deinem Bewußtsein wieder hierher zurückkommst, kannst du von diesem Experiment etwas zum Nachdenken mitnehmen. Du kannst dein Unbewußtes auffordern, dir zu helfen, wie du deine spirituellen Bedürfnisse und Wünsche in einer zu deinem Alter und deiner Lebenssituation passenden Weise immer besser berücksichtigen kannst. Und nun öffne die Augen und komm wieder hierher zurück zur Gruppe, erfrischt und wach.

☆ ☆ ☆

Tunnel des Lichts 38

Ziele

Manchmal scheint unsere nahe Zukunft grau und düster zu sein. Wenn wir dann trotzdem optimistisch beginnen wollen, anstehende Probleme zu lösen, können wir uns zuvor in der hier beschriebenen Weise stärken.

Anleitung

Ihr wißt, daß manche Menschen in der Winterzeit auf die lang anhaltende Dunkelheit mit Depressionen reagieren. In der Regel fühlen sich alle Menschen besser, wenn sie genügend lange das helle Licht der Sonne genießen können. Es kann natürlich auch vorkommen, daß wir mitten im Sommer den Eindruck haben, daß unsere Versorgung mit Licht und frischen Farben eingeschränkt ist, weil wir uns von unseren Problemen überwältigt fühlen. In jedem Fall können wir unsere Phantasie benutzen, um uns eine kräftige Portion Farbe und Licht zuzuführen. Stellt euch irgendeine Situation aus der Vergangenheit vor, wo ihr die Welt grau in grau gesehen habt. Und erinnert euch an die körperlichen Symptome, die eine solche düstere Seelenlage bei euch begleitet haben. Und ihr könnt gleich ausprobieren, wie ihr körperlich reagiert, wenn ihr mit dem Tunnel des Lichtes experimentiert.

Setz dich bequem hin und schließ die Augen. Hol ein paarmal tief Luft und geh in einen Zustand angenehmer körperlicher und geistiger Entspannung.

Stell dir nun vor, daß du am Eingang eines Tunnels stehst, und vor dir erstreckt sich der Tunnel, eine lange Röhre der Dunkelheit. Ganz am Ende des Tunnels kannst du das sprichwörtliche „Licht am Ende des Tunnels" erblicken.

Allmählich gewöhnen sich deine Augen an die Dunkelheit im Tunnel. Du kannst zu deiner rechten oder linken Seite einen Lichtschalter entdecken. Du betätigst den Schalter, und dann leuchtet eine rote Lampe gerade über deinem Kopf auf. Du stehst genau unter dieser roten Lichtquelle und bist umgeben von einem Kranz roten Lichtes. Dieses

KAPITEL 5: HEILENDE FARBEN

Licht wird immer intensiver, es massiert deinen ganzen Körper. Allmählich kannst du etwas von der Wärme dieses Lichts verspüren, und das kann noch stärker werden, wenn du dir vorstellst, daß dieses rote Licht gemeinsam mit deinem Blutstrom durch deinen Körper zirkuliert. Du kannst dich wieder stärker fühlen mit beiden Beinen auf der Erde. (1 Min.)

Du bekommst Lust, ein paar Schritte nach vorn zu gehen. Du läßt das rote Licht hinter dir. Nach ein paar Schritten entdeckst du einen zweiten Schalter. Du betätigst ihn. Diesmal geht ein warmes, orangefarbenes Licht an, und du läßt dich ganz und gar von diesem intensiven Licht umgeben. Du saugst es mit jeder Pore in dich hinein. Mit deinem Atem verteilst du es in dir, und du spürst die wohltuende Kraft des orangefarbenen Lichtes... (1 Min.)

Du gehst wieder ein paar Schritte weiter und läßt das orangefarbene Licht hinter dir zurück. Nun betätigst du einen dritten Lichtschalter. Diesmal leuchtet ein helles, gelbes Licht über dir auf, und du nimmst die stimulierende Kraft dieses Lichtes durch Haut und Atmung in dich auf. (1 Min.)

Wieder gehst du ein paar Schritte weiter. Du kommst zu einem vierten Schalter. Du bemerkst, daß das Licht am Ende des Tunnels schon sehr viel heller geworden ist und daß es heller wird mit jedem Schritt, den du in diese Richtung gehst.

Nachdem du den vierten Schalter betätigt hast, fließt klares, ruhiges Grün von Kopf bis Fuß über dich. Du spürst, wie die liebevolle Energie des Grün dein Herz beflügelt und wie friedliche Empfindungen wie kleine sanfte Wellen durch deinen Körper laufen. Du atmest ein paarmal besonders tief und erleichtert. (1 Min.)

Wieder gehst du ein paar Schritte nach vorne und betätigst einen fünften Schalter. Diesmal geht ein tiefes, strahlendes Blau über dir an, und du stehst in einem Kreis aus funkelnder blauer Energie. Du spürst, wie du dich öffnest und wie du dich munter fühlst... (1 Min.)

Geh weiter zu dem sechsten Licht und schalte es an. Jetzt wirst du ganz umgeben von lavendelfarbenem Licht, das wie Flieder im Frühling leuchtet. Sauge dieses lebhafte violette Licht ein und spüre, wie diese Farbe deinem tieferen Selbst guttut. (1 Min.)

Nun kannst du auch dieses Licht hinter dir zurücklassen und noch ein paar Schritte nach vorn gehen. Diese Schritte bringen dich in das weiße Licht am Ende des Tunnels. Dieses Licht mußt du nicht erst einschalten, es leuchtet bereits für dich. Es ist so klar, so kräftig, daß es dich mit feinen Blitzen bombardiert, überallhin auf deine Haut, so daß du ein feines Kribbeln spüren kannst. Du kannst es auch einatmen, damit jede Zelle deines Körpers mit dieser diamantfarbenen Energie aufgeladen wird. (1 Min.)

Nun dreh dich um und schau zurück in den Tunnel hinter dir. Er ist nicht länger dunkel, sondern angefüllt mit einem Regenbogen leuchtenden Lichtes. Nun schau wieder nach vorn und laß dich noch eine Weile von dem hellen, weißen Licht baden. Und im Verlaufe dieser einzelnen Schritte hast du selbst die verschiedenen Energiezentren deines Körpers mobilisiert. Vermutlich hast du nicht alle Farben in der gleichen Intensität gesehen. Das kann dir einen Hinweis geben, welche Energiezentren schwächer sind und spezielle Pflege benötigen.

Wann immer du zusätzliche Energie benötigst und Helligkeit in deinem Leben, kannst du mit dieser Imagination arbeiten.

Und nun sage dem Tunnel Adieu und komm mit deiner Aufmerksamkeit zurück zur Gruppe. Öffne die Augen, erfrischt und wach.

☆ ☆ ☆

39 Farbmeditation

Ziele

Wir wissen nicht genau, warum Farben uns stimulieren können oder beruhigen oder heilen. Vermutlich wirken auch die verschiedenen Farben nicht in gleicher Weise auf unterschiedliche Charaktere. Jeder von uns muß selbst herausfinden, welche Farben für ihn persönlich von besonderer Bedeutung sind.

In diesem Experiment können die Teilnehmer sich selbst eine Farbe auswählen, um mit ihr eine Reihe von inneren Experimenten durchzuführen.

Anleitung

Ich möchte euch zu einem Experiment einladen, das euch erfrischen kann und darüber hinaus Gelegenheit gibt, eure Beziehung zu wichtigen Farben zu klären. Setzt euch bequem hin und schließt die Augen. Beginnt, ruhig und tief zu atmen und laßt euch eine Weile Zeit, mit eurer Aufmerksamkeit nach innen zu gehen.

Nun finde deine Farbe, wähle irgendeine Farbe aus dem Spektrum des Regenbogens und laß die Farben braun, schwarz und grau bitte aus. Wähle die Farbe, die dir im Augenblick am besten gefällt. Denke nicht weiter darüber nach. Nimm einfach die erste Farbe, die dir einfällt. Entwickle ein Empfinden für die spezifische Qualität dieser Farbe und achte auf alle Assoziationen, die sie bei dir hervorruft...

Und nun stell dich auf diese Farbe ein und entwickle eine gewisse Vertrautheit mit ihr. Absorbiere sie mit deinem Körper und stell dir vor, daß du durstig nach ihr bist wie auf einen Schluck frisches Wasser, und laß sie allmählich jeden Teil deines Körpers füllen.

Jetzt strahle diese Farbe mit deinem Körper aus. Stell dir vor, daß die Farbe überall deinen Körper umgibt wie ein lichtes Feld. Du kannst dir auch vorstellen, daß du die Farbe mit jeder Zelle deiner Haut ausatmest...

Strahle noch mehr von dieser Farbe aus und laß sie den gesamten Raum, in dem du bist, anfüllen...

Nun kannst du versuchen, noch mehr von dieser Farbe zu erzeugen,

KAPITEL 5: HEILENDE FARBEN

und ganz langsam das ganze Haus, die Straße und die gesamte Umgebung mit dieser Farbe anzufüllen... (1 Min.)

Jetzt kannst du in denselben Schritten langsam die Farbe zurückbringen in das Haus, in den Raum, in dich selbst. Laß die Farbe dabei noch kräftiger und konzentrierter werden...

Schließlich kannst du die Farbe ganz in dich zurückholen in deine Haut, in deine Muskeln, in dein Blut, in deinen Körper. Und wie fühlst du dich, wenn du durch und durch mit dieser Farbe imprägniert bist? Wozu bist du dann imstande?...

Jetzt nimm die Farbe aus deinem Körper heraus und konzentriere sie in einem leuchtenden Farbpunkt schräg vor dir in Höhe deines Nabels. Und beobachte die Farbe dort noch eine Weile. Und dabei kannst du nachprüfen, wie du dich jetzt fühlst im Vergleich zum Beginn dieses Experimentes.

Und wenn du gleich mit deiner Aufmerksamkeit zu uns zurückkommst, dann kannst du dir vornehmen, ein anderes Mal mit einer anderen Farbe zu experimentieren, um mehr Ideen darüber zu entwickeln, welche Farben zu dir passen und wozu du sie benutzen kannst. Und du kannst deinen unbewußten Geist auch darüber nachdenken lassen, ob es vielleicht angezeigt ist, daß du mehr oder andere Farben in dein Leben hineinbringst.

Nun öffne die Augen, sei wieder hier, erfrischt und wach.

☆ ☆ ☆

40   *Der Regenbogen*

Ziele

Dieses Experiment präsentiert den Teilnehmern ein hypnotisches Bild, das auf ganz unterschiedlichen Ebenen des Bewußtseins heilende und lockernde Prozesse auslösen kann. Die Wirkung ist um so frappierender, je geübter die Teilnehmer sind, die eigene Imaginationskraft zu benutzen.

Anleitung

Immer wieder kann die Natur uns helfen, uns selbst in eine gute Balance zu bringen. In eine Balance zwischen Vergangenheit und Zukunft, zwischen Körper und Geist, zwischen Himmel und Erde. Und wenn wir uns abgelenkt fühlen und uneinheitlich, zerrissen oder deprimiert, dann kann uns die folgende Imagination regenerieren.

Setz dich bequem hin und schließ die Augen. Stell dir vor, daß du am Meer sitzt. Du kannst den Geruch und den Geschmack des Salzes spüren, das so reichlich in den Ozeanen gespeichert ist.

Am Himmel brauen sich Wolken des Sturmes zusammen. Möwen fliegen über dir, du hörst ihre lauten, klaren Schreie. Gleichwohl passiert etwas Merkwürdiges. Die Luft ist ganz ruhig, du kannst den Wind nicht hören. Und nimm dir einen kleinen Granitquader aus dem Wasser, einen kleinen Block mit einer Kantenlänge von ungefähr 5 cm. Spüre die Kälte des Steines, und verbirg ihn ganz in deiner Hand, ohne die Hand zusammenzupressen. Spüre einen kalten Block, spüre alle sechs Seiten der Kälte gleichzeitig. Nun übertrage dieses Gefühl der sechs kalten Seiten des Würfels auf die andere Hand... Bring das Gefühl wieder zurück auf deine erste Hand.

Jetzt stell dir vor, daß ein Sturm entsteht, der einen Schauer von kleinen Wassertröpfchen gegen deinen Körper schleudert. Aber es gibt kein Geräusch, wenn das Wasser auf deine Haut trifft. Das Wasser ist stumm. Und noch merkwürdiger: All die Tröpfchen steigen geradewegs in die Luft und fallen nicht herab. Der Wind füllt die Luft mit einem feinen Nebel, der ständig nach oben steigt.

KAPITEL 5: HEILENDE FARBEN

Durch diese Wolken von feinen Tröpfchen fällt das Sonnenlicht, und du kannst mächtige Lichtstrahlen sehen, die von einem zentralen Punkt ausgehen. Und der ganze Himmel, die ganze Atmosphäre ist ein einziger Regenbogen in den Farben Purpur, Rot, Orange, Gelb, Grün, Aquamarin und Blau. Dein Körper fühlt sich schwerelos an. Du schwebst in dieses Farbspektrum. Du fliegst durch diese unendlichen Farbbänder, deren Farbe immer intensiver wird, je näher du der Sonne kommst.

Schau hinab auf die Erde, während du durch das Farbspektrum fliegst, zuerst durch rotes Licht, dann oranges, dann gelbes, dann grünes und dann aquamarinfarbenes und zum Schluß blaues. Am Ende badest du in einem Ozean aus blauem Licht, in der warmen weichen Bläue dieses Himmels. (1 Min.)

Und nun behalte die Erinnerung an die verschiedenen Farben in der Tiefe deines unterbewußten Geistes. Vielleicht magst du in den nächsten Tagen dafür sorgen, daß die Farben in deinem Leben stimmen.

Komm nun mit deiner Aufmerksamkeit zu uns zurück und öffne die Augen. Sieh die Farben in diesem Raum und sei wieder hier, erfrischt und wach.

☆ ☆ ☆

41 Goldener Zauberstab

Ziele

Gold ist eine königliche Farbe. Wir sind in unserem Leben ebenfalls königlich, wenn wir uns die Neugier des Kindes erhalten und den Mut haben, unsere Träume zu leben. In diesem Experiment erinnern wir die Teilnehmer daran, daß jeder von uns einen goldenen Zauberstab besitzt, der uns mit unseren tiefsten inneren Wünschen verbinden kann.

Anleitung

Ich möchte euch daran erinnern, wie unterschiedlich wir morgens aufwachen. Manche Tage beginnen wir voller Lebenslust und Neugier. Wir freuen uns auf all das, was wir erleben und gestalten werden. Andere Tage würden wir am liebsten im Bett bleiben und uns die Decke über die Ohren ziehen. An diesen Tagen ist unsere Hoffnung gering. Es scheint so zu sein, daß wir vergessen haben, wie schön und wie aufregend unser Leben sein kann. Und für diese Tage möchte ich euch ein Geschenk machen.

Setz dich bequem hin und schließ deine Augen. Hole ein paarmal tief Luft und genieße deine Fähigkeit, so wunderbar tief und entspannend atmen zu können.

Tief in dir weißt du, daß du ein Kind des Universums bist, und um zu wissen, daß dir alle Möglichkeiten des Universums offen stehen, mußt du nur bereit sein, mit der Welt Kontakt aufzunehmen. Damit kannst du gleich beginnen, indem du mit deinem Bewußtsein an den Platz ganz tief in dir hineingehst, wo du den Schatz aufbewahrst, der durch deinen Namen bezeichnet ist. Bemerke alle deine Schätze, und bemerke auch, was du sonst noch brauchst, was du noch nicht hast, und gib dir selbst die Erlaubnis, dir diese Dinge zu verschaffen.

Träume und Wünsche gehören eng zusammen, Träume und Wünsche können Wirklichkeit werden. Benutze die Kraft eines goldenen Zauberstabes, damit es geschieht.

KAPITEL 5: HEILENDE FARBEN

Stell dir vor, daß du deinen eigenen goldenen Zauberstab in deiner Hand hältst... Spüre sein Gewicht und sieh das Glitzern des Lichtes auf seiner Oberfläche. Gib diesem Zauberstab die Fähigkeit, deine Furcht vor Risiken kleiner zu machen. Gib ihm deine Bereitschaft zu kämpfen, etwas Neues auszuprobieren, das zu erfinden, was du brauchst. Der goldene Zauberstab kann dir die Fähigkeit geben, deine eigenen Tabus zu überschreiten und ganz neue Teile der Welt zu sehen.

Gib dir einen Augenblick Zeit und betrachte den goldenen Zauberstab, den du geschaffen hast. Betrachte seine Form, die Verzierungen. Spüre dieses besondere Gefühl, was wir haben können, wenn wir Gold berühren... Dieser Zauberstab gehört dir für dein ganzes Leben. Um ihn so zu benutzen, wie du es möchtest. Und du kannst jeden Tag mit diesem wunderbaren Zauberstab begrüßen.

Nun komm zurück mit deiner Aufmerksamkeit und öffne die Augen, erfrischt und wach.

☆ ☆ ☆

42 *Nacht am Meer*

Ziele

Hier können die Teilnehmer vor allem sehen, schmecken und riechen, um sich in ihrer Phantasie in ein Naturbild zu begeben, das in seiner Suggestionskraft von all dem ablenkt, was vorher im Bewußtsein war. Es hilft, einen Zustand angenehmer Entspannung und wachen Bewußtseins herbeizuführen.

Anleitung

Es gibt Nächte, die uns verzaubern, Nächte, in denen die Natur zu uns spricht, wo wir glauben, daß wir uns selbst sehr viel näher kommen, eingebunden in die Natur um uns herum.

Setz dich dazu bequem hin und schließ die Augen. Laß dir von deinem Atem helfen, körperlich und geistig zur Ruhe zu kommen.

Stell dir vor, es ist so eine Nacht. Allein wanderst du am Strand entlang. Der Himmel über dir ist schwarz, besät mit Sternen, du siehst keinen Mond. Dafür kannst du das Salz riechen, das mit der frischen Brise vom Ozean herüberweht. Schmecke es auf deinen Lippen. Die Wellen sind schwarz und schweigend.

Du legst deine Kleider ab und gehst in das Wasser. Aber du kannst das Wasser nicht fühlen. Dafür siehst du die kleinen Wellen und die kleinen Spritzer, wenn dein Körper die Wasseroberfläche durchbricht. Das Wasser schweigt. Mach eine Schale aus deinen Händen und schöpfe etwas von dem Salzwasser. Stell dir vor, daß du das Wasser nicht spüren kannst. Du bemerkst nicht seine Nässe, seine Kühle, sein Gewicht. Aber du kannst das Salz riechen und schmecken. Nun wirf das Wasser hoch in die Luft. Laß es geräuschlos herabkommen und beobachte die Tausende von konzentrischen Kreisen auf der schwarzen, polierten Wasseroberfläche. Du fühlst dich ganz trocken. Plötzlich siehst du einen leuchtenden Blitz. Dann beginnt es zu regnen. Lautloser Regen fällt. Du kannst den Regen nicht fühlen, deine Haut fühlt sich trocken an, aber du kannst das frische süße Regenwasser schmecken. Es läuft dir in den Mund und schmeckt

KAPITEL 5: HEILENDE FARBEN

süß. Der Regen ergießt sich in einen Wolkenbruch. Und dann öffnet sich sich der Himmel, und du kannst ganze Sturzbäche von Wasser im Licht der Sterne erkennen. Dann hört der Regen auf. Überall Schweigen.

Du stehst bis zur Hüfte im Wasser. Plötzlich hörst du ein unheimliches, durchdringendes Geräusch über dir. Einen Ton mit einer hohen Frequenz. Und du siehst einen stecknadelkopfgroßen Lichtpunkt am schwarzen Himmel, der immer größer wird. Der Lichtpunkt kommt auf dich zu: Ein klarer, durchsichtiger Würfel aus Licht, der den Himmel hell macht. Jetzt kannst du alle sechs Seiten gleichzeitig sehen. Nun wird der leuchtende Würfel milchig, und er schimmert weiß, wie ein Opal mit ganz klaren und glatten Kanten. Es gibt keinen Lichthof um den Würfel herum, und immer noch kannst du alle sechs Seiten des Würfels zur gleichen Zeit sehen.

Du gehst auf den leuchtenden Würfel zu, bis du darunter stehen kannst. Noch immer kannst du alle sechs Seiten gleichzeitig sehen. Und jetzt wird der Himmel weiß und der Würfel schwarz. Nun wird der Himmel wieder schwarz und der Würfel wieder weiß und zieht sich zurück in den Weltraum, bis er wieder ein kleiner Punkt geworden ist, der nun ganz verschwindet. Du bleibst zurück, und du kannst das Salz schmecken und riechen. Du siehst die großen, schweigenden Wellen und den unendlichen schwarzen Himmel, besät mit unendlichen vielen leuchtenden Sternen.

Und du staunst über all diese Dinge in der Natur und über die Kraft deiner Phantasie. Und nun komm zurück mit deiner Aufmerksamkeit. Öffne die Augen, sei wieder bei uns allen, erfrischt und wach.

☆ ☆ ☆

Kapitel 6

Orte der Erholung

43 Mein Refugium I

Ziele

Dies ist ein ganz einfaches, aber außerordentlich wichtiges Experiment. Es macht die Teilnehmer mit einer besonders wirksamen Möglichkeit vertraut, auch inmitten von Streß, Unruhe und Schwierigkeiten eine Möglichkeit zu finden, sich zu regenerieren und ein paar Augenblicke inneren Friedens zu empfinden. Wir beginnen mit einer relativ kurzen Version, die für geübte Teilnehmer bereits sehr wirksam sein kann. (Vgl. die detaillierte Version von Nr. 45.)

Anleitung

Wenn ich euch auffordere, an streßerfüllte Zeiten und Augenblicke zu denken, dann werden euch wahrscheinlich viele Gelegenheiten einfallen, wo ihr euch unruhig und gehetzt, unkonzentriert und angespannt gefühlt habt. Ihr könnt euch eine hervorragende innere Möglichkeit verschaffen, sehr schnell in solchen Situationen Abhilfe zu schaffen, wenn ihr nämlich euer „inneres Refugium" aufsucht. Ich will euch zeigen, wie das geht.

Setz dich bequem hin und schließe die Augen. Erinnere dich zunächst an verschiedene Plätze, die du im Laufe deines Lebens kennengelernt hast, die du sehr genossen hast und die dir das innere Empfinden von Ruhe, Schönheit und Frieden vermittelt haben. Vielleicht waren das Plätze in der Natur, vielleicht waren das von Menschen geschaffene Plätze, vielleicht waren das Innenräume in irgendwelchen Gebäuden. Du kannst dich aber auch entscheiden, dir ein solche Refugium selbst auszudenken, das dir eine gute Voraussetzung dafür bietet, dich sicher und beschützt zu fühlen. Soll das eine Hütte in den Bergen sein, eine Waldwiese, die sonst niemand kennt, ein Garten auf einer Südseeinsel, ein Zauberschloß, eine alte romanische Kapelle?

Laß dir Zeit, dir ein solches inneres Refugium vorzustellen. Stell dir vor, daß du in deiner Phantasie dort bist, daß du das Licht siehst, wie es für diesen Platz charakteristisch ist, daß du die Töne hörst, die dazugehören, daß du die Gerüche verspürst, die dort wahrzunehmen sind. Du kannst dich dorthin setzen oder legen und jede Haltung einnehmen, in der du dich entspannt und friedlich und im Einklang mit dir selbst erleben kannst... Und du kannst die Zeit, die du dort verbringst, dazu benutzen, um eine Art heilenden Halbschlaf zu träumen; einfach loslassen und es deinem Unbewußten überlassen, alles Nötige für dich zu tun: Für dich zu denken, Probleme zu lösen, Hinweise zu finden, einfach Wache zu halten oder heilende Bilder, Töne, Empfindungen zu senden. (2–3 Min.)

Und merke dir diesen Platz gut und suche ihn, wenn es sich als passend erweist, auch in Zukunft immer wieder auf. Je öfter du dein inneres Refugium aufsuchst, desto schneller kannst du die heilsame Wirkung dieser speziellen Atmosphäre verspüren. Und es wird manchmal schon genügen, wenn du dir den Namen des Platzes im stillen sagst, dann kann dieses angenehme Gefühl der Erleichterung und des freien Atmens deinen Körper durchfluten. Und wenn du gleich mit deiner Aufmerksamkeit hierher zurückgekommen bist, kannst du dir vornehmen, noch mehr Nutzen aus diesem unscheinbaren Experiment zu ziehen. Du kannst mehr darüber nachdenken, wie du häufiger kurze Pausen einlegen kannst, wo du dir eine kurze Siesta gönnst, heilenden Halbschlaf, so daß du in deiner Phantasie in dein Refugium gehen kannst.

Nun komm mit deiner Aufmerksamkeit zurück. Öffne die Augen und sei wieder hier, erfrischt und wach.

☆ ☆ ☆

44 Der mythische Baum

Ziele

Bäume haben auch einen hohen symbolischen Wert. Sie reichen mit ihren Wurzeln tief in die Erde und können uns auf diese Weise das Empfinden fester innerer Gründung vermitteln. Und mit ihren Zweigen reichen sie hoch in den Himmel und sind damit ein schönes Symbol der Verbundenheit mit dem Kosmos.

Wir benutzen hier das Bild des Baumes, um den Teilnehmern das Erlebnis eines Platzes zu gewähren, der ihnen das Bewußtsein von Ganzheit und innerer Balance vermitteln kann.

Anleitung

Manchmal haben wir das Bedürfnis, daß wir uns einheitlicher fühlen wollen und in Übereinstimmung mit der Natur. Das bedeutet nicht, daß wir den Anspruch haben, die vielen Aspekte unserer Persönlichkeit in Zukunft nicht mehr zu bemerken oder zu benutzen. Es bedeutet auch nicht, daß wir Konflikten aus dem Wege gehen wollen oder den komplizierten Wahlmöglichkeiten unseres Lebens. Wir haben einfach manchmal das Bedürfnis, uns auf einfache Weise zu erholen und zu regenerieren. Und ich werde euch gleich zu einer Phantasie einladen, die euch gerade dies ermöglicht.

Schließ bitte die Augen und hole ein paarmal tief Luft. Schenke deinem Körper ein wenig Beachtung und bemerke alle Stellen, die schmerzen oder angespannt sind. Und dann schick einfach deinen Atem in diese blockierten Gebiete und laß auf diese Weise die Spannung nach und nach abfließen. (1 Min.)

Jetzt stell dir vor, daß du zu einem Platz in der Natur gehst, wo du frische Energie gewinnen kannst. Wähle einen Platz aus, wo schon beim bloßen Gedanken an ihn ein Gefühl der Ruhe und der Freude hervorgerufen wird. Geh dort in deiner Phantasie ein wenig hin und her und schau dich nach allen Richtungen um. Gestatte dir dieses angenehme Gefühl, ganz und gar präsent zu sein. Spür die Luft auf deiner Haut. Ist sie naß oder trocken, warm oder kalt? Spüre deine Füße auf dem Boden und presse deine Zehen in die Erde hinein. Berühre die Erde mit den Händen und höre alle Geräusche. Hörst du irgendwo Wasser in der Nähe? Hörst du den Wind? Hörst du die Geräusche von irgendwelchen Tieren, oder ist es ganz still? Und bemerke auch all die Gerüche, die es dort gibt. (1 Min.)

Nun schau dich um und bemerke einen alten großen Baum, wo du dich hinsetzen kannst. Bitte den Baum um Erlaubnis, daß du dort eine Weile sitzen darfst. Wenn der Baum zustimmt, dann setz dich auf den Boden und lehne deinen Rücken gegen den Baum und spüre die zuverlässige Unterstützung, die er dir bietet. Dann kannst du eine symbolische Reise durch den Baum machen und bei den vielen großen und kleinen Wurzeln beginnen. Stell dir vor, daß du der Baum bist und wie du Wasser mit deinen Wurzeln aufsaugst, um die Nährstoffe an jeden Platz des Baumes zu transportieren und überallhin in deinen Körper. Spüre, wie das Leben in dir pulsiert und wie deine Energie zunimmt, wenn jede Zelle deines Organismus genährt wird. Laß diese Energie durch deinen ganzen Körper fließen, durch den Stamm des Baumes in alle Äste und Zweige und durch deine eigenen Extremitäten, so daß all die Blätter und Früchte ernährt werden, die das Leben repräsentieren. Fühl deine Verbindung mit dem Leben, spüre, wie du einen Teil der ganzen Natur bist... (1–2 Min.)

Und nun sei wieder du selbst und lehne dich noch eine Weile an den Stamm des alten Baumes und denke darüber nach, wie alles mit allem verbunden ist. Denke darüber nach, was das Universum zusammenhält und leitet. Spüre die Antworten mit deinem Inneren, mit deinem Herzen. Und du kannst wissen, daß du jetzt an einem Platz bist, wo du wichtige Einsichten und Verständnis und innere Ganzheit finden kannst. Und laß dir noch ein wenig Zeit, diesen Dingen nachzugehen... (2–3 Min.) Und wenn du gleich mit deinem Bewußtsein zu uns zurückkommst, dann kannst du dir vornehmen, daß du später an diesen Platz zurückkehrst, wann immer du mit der Natur verbunden sein möchtest und mit dem Kosmos und mit den Quellen für ein tieferes Wissen...

Jetzt kannst du die Augen öffnen und dich ein wenig recken und strecken und erfrischt und wach wieder bei uns sein.

☆ ☆ ☆

45 Mein Refugium II

Ziele

Dies ist eine ausführlichere Version des Phantasie-Refugiums, die den Teilnehmern eine weitgehende körperliche und seelische Entspannung ermöglicht, um sie dann an jeden Platz zu bringen, wo sie sich regenerieren können. Auch der Rückweg von dem Refugium zurück zum Tagesbewußtsein wird ausführlicher gestaltet. Besonders für ungeübte Gruppenmitglieder kann das hilfreich sein.

Anleitung

Ich möchte euch zu einer Phantasiereise einladen, die euch tief entspannen und auf angenehme Weise erfrischen wird. Ihr könnt auf dieser Reise einen besonders friedlichen und sicheren Platz erreichen, euer Refugium, wo ihr euch auch später immer wieder regenerieren könnt.

Setz oder leg dich bequem hin und schließ die Augen. Hol ein parmal tief Luft und laß all die verbrauchte Luft aus deinen Lungen hinaus. Blas auch die letzten Überreste hinaus. Und dann atme wieder langsam ein durch die Nase und zähle dabei bis vier, eins... zwei... drei... vier. Und nun atme durch den Mund aus und zähle dabei von acht rückwärts: acht... sieben... sechs... fünf... vier... drei... zwei... eins. Und schöpfe auf diese Weise noch ein paarmal tief Atem und zähle dabei im stillen mit.

Nun kannst du dir vorstellen, daß ein dicker Strahl goldenes Sonnenlicht deinen Körper berührt, und alles, was der dicke Sonnenstrahl berührt, das kann sich auf eine angenehme Weise lockern und erwärmen. Dieses goldene Licht kann jeden Muskel durchdringen, alles Gewebe und jede Zelle deines Körpers. Und es kann Schmerzen lindern, Belastungen heilen und dich ganz und gar entspannen.

Nun spüre das Licht auf deiner Stirn. Wenn dort Verspannung ist, laß sie wegfließen... Spüre das goldene Licht auf deinen Wangen, auf deinem Mund... auf deinem Kiefer... auf deinem Nacken und überall, wo du Anspannung oder Härte spürst, kannst du einen tiefen Atemzug tun, und beim Ausatmen kannst du das goldene Licht in die Muskulatur schicken

KAPITEL 6: ORTE DER ERHOLUNG

und sie locker werden lassen. Nun konzentriere das goldene Licht auf deine Schultern, auf deine Brust... oben auf deinen Rücken... auf dein Kreuzbein... auf deinen Magen. Laß alle Anspannung los, die es dort gibt. Spüre das Licht auf deinem Gesäß... deinen Schenkeln... deinen Knien, auf deinen Waden.. auf deinen Knöcheln... auf deinen Füßen und auf jedem einzelnen Zeh. Und überall, wo Spannung war, laß sie los und laß dich ganz locker werden. Spüre, wie dein ganzer Körper in diesem goldenen Licht badet, das dich immer weiter entspannt, verwöhnt und heilt.

Nun stell dir vor, daß du in einem Fahrstuhl bist, ganz oben am höchsten Punkt. Laß es einen großen, altmodischen Fahrstuhl sein, der dich langsam hinabbefördert, von Stockwerk zu Stockwerk, immer entspannter. Während du abwärts fährst, werde ich langsam von acht bis eins zählen, und bei jeder Zahl kannst du noch etwas mehr in eine leichte Trance gehen. Jede Zahl kann dich tiefer und tiefer in eine friedliche und sichere, angenehme Entspannung bringen. Acht, und die Fahrt geht nach unten... sieben, und du läßt los... sechs, noch weiter nach unten... fünf, und du läßt noch weiter los... und wenn ich vier sage, möchte ich, daß du dich zweimal so sehr entspannst und daß du zweimal so tief gehst, vier... und noch entspannter... drei, noch tiefer... zwei.... du kannst loslassen... und eins. Du kannst dir dieses wunderschöne friedliche Gefühl vollständiger Entspannung gönnen.

In Gedanken kannst du den Fahrstuhl jetzt verlassen, um ein paar Schritte an deinen ganz persönlichen ruhigen Platz zu gehen, mitten hinein in dein Refugium, und das ist dein Platz, nur für dich allein. Hierher kannst du immer gehen, wenn du den Wunsch hast, um dich zu entspannen und zu erfrischen. Wenn du hier bist, kannst du deine Kräfte regenerieren, um frisch gestärkt wieder in deinen Tag zu gehen.

Laß dir ein wenig Zeit, um dich umzusehen. Welche Farben kannst du sehen? Wie sieht der Himmel aus? Gibt es da Wasser?... Wenn das der Fall ist, was macht das Wasser?... Gibt es dort Bäume und Pflanzen? Wie sehen sie aus?... Weht ein Wind?... Kannst du ihn spüren?... Berühre irgend etwas. Wie fühlt es sich an? Und wie fühlt sich der Boden unter deinen Füßen an?... Kannst du irgend etwas riechen?... Gibt es dort irgendwelche duftenden Blätter oder Blüten?...

Laß dir ein paar Minuten Zeit, um dein Refugium mit all deinen Sinnen zu erforschen. Und du kannst dir die Chance geben, diese Zeit hier zu genießen, Zeit, die stillzustehen scheint und die sich sehr lang anfühlen kann... Leg dich irgendwo dort auf den Boden, auf eine passende Unterlage. Geh in eine Art heilenden Halbschlaf, wo dein bewußter Geist ausruhen kann, weil dein Unbewußtes ihn vertritt. Vielleicht schickt es dir schöne Bilder, Töne, Empfindungen; vielleicht hält es am Ende für dich etwas Wichtiges bereit. Laß dich überraschen. (2–3 Min.)

Und nun ist es Zeit für den Rückweg. Steh auf und stell dir vor, daß du zurückgehst zu deinem Fahrstuhl. Und du gehst mitten durch dein Refugium, und dabei gehst du immer schneller, bis du in ein langsames Laufen kommst. Und lauf immer schneller ohne Anstrengung, ganz leichtfüßig. Und du mußt auch nicht angestrengt atmen, obgleich du so schnell rennst. Aber du kannst bemerken, wie kräftig dein Blut pulsiert, und du fühlst dich wach und frisch.

Dann siehst du den Fahrstuhl vor dir, und du wirst langsam. Du bist erfrischt und ausgeruht, um den Rest dieses Tages mit neuer Energie und frischem Enthusiasmus zu beginnen. Du bist dankbar für diese Zeit des Friedens und der Stille, die du eben erleben konntest. Und wenn du in der Kabine des Fahrstuhls bist, dann werde ich von eins bis acht zählen, und dann kannst du mit deiner Aufmerksamkeit hierher zurück in diesen Raum kommen, und du kannst dich dann ausgeruht und bereichert fühlen. Eins... und du steigst nach oben mit mehr Energie. Zwei... und du fühlst dich gut, du fühlst dich ausgezeichnet. Drei... und du fühlst dich wunderbar erfrischt... Vier... du steigst weiter auf. Fünf... du spürst die Energie durch deinen Körper strömen. Du fühlst dich einfach gut. Sechs... du öffnest die Augen und schaust dich um, und dein Körper fühlt sich entspannt und kräftig. Sieben... du schaust dich um und spürst neue Kraft überall in deinem Körper. Acht... und du bist ganz zurück. Du reckst und streckst dich ein wenig, und du bewahrst all die interessanten Dinge, die du gewonnen hast, in deinem Gedächtnis auf.

☆ ☆ ☆

Der Bach 46

Ziele

Dies ist eine kleine Naturphantasie, die die Teilnehmer auf sehr einfache Weise entspannen und erfrischen kann.

Anleitung

Die Natur gibt uns immer wieder die Gelegenheit, uns zu erfrischen und Kraft zu schöpfen.

Schließ die Augen und setz dich bequem hin. Stell dir einen kleinen Bach vor und sieh sein Wasser, das kühl und klar und schnell über kleine und große Steine fließt, hier und da ein Stück Treibholz mitführend... Und der Bach fließt durch sanfte Wiesen und manchmal durch enge Felsen, die sein Bett schmaler machen. Du kannst dem Bach folgen. Jetzt fließt er durch eine Weide mit frischem Gras und besät mit Blumen... Und hier und da weiden Tiere darauf.

Manchmal kannst du das Wasser glucksen hören, und wenn es über die Felsen strömt, bilden sich kleine Strudel und winzige Wasserbläschen.

Du kannst den frischen Geruch des Wassers und der Erde und des Grases bemerken. Und allmählich kann dein Bewußtsein sich mit dem fließenden Wasser verbinden und mit dem Bach auf seiner Reise durch die Landschaft, von seiner Quelle bis zu seinem Ziel. Und während du mit dem Bach mitfließt, kannst du dieses Gefühl genießen, was es heißt, eine Quelle zu haben und auf ein Ziel zuzugehen. (1–2 Min.)

Und nun sag dem Bach Adieu und komm langsam mit deiner Aufmerksamkeit hierher zurück. Öffne die Augen, sei wieder bei uns, erfrischt und wach.

☆ ☆ ☆

47   *Der Wald*

Ziele

Auch hier können sich die Teilnehmer auf eine angenehme Weise entspannen und ihre innere Verbindung mit der Natur und dem Leben bekräftigen.

Anleitung

Laßt euch einladen zu einem Besuch in einem unberührten Waldgebiet.

Setz dich bequem hin und schließ deine Augen. Stell dir vor, daß du auf einem schmalen Weg bist, der durch ein großes Waldgebiet führt. Du bist ganz allein, und mitten durch die dichten Zweige fallen hier und da die Strahlen der Sonne. Du kannst die Kühle der Steine riechen, das Moos und den feuchten Waldboden. Wenn du nach oben schaust, dann siehst du über dir das dichte Grün von Blättern und Nadeln und manchmal ein kleines Stück blauen Himmel.

Du nimmst die Geräusche und die Gerüche des Lebens um dich herum auf. Und manchmal berührst du die rauhe Borke eines Baumes an deinem Weg. Du fragst dich, wie es sich wohl anfühlt, ein Baum zu sein.

Während du weiter durch den Wald wanderst, genießt du das Gefühl, mit dem Leben verbunden zu sein, mit Werden und Vergehen und Werden... (1 Min.)

Du kannst von deiner Wanderung viele Anregungen mitbringen von den Dingen im Wald, die auf so einfache und selbstverständliche Weise da sind.

Und nun kannst du dich etwas recken und strecken, deine Augen öffnen, dich ein paarmal hier im Raum umschauen und Kontakt aufnehmen zu all den anderen Gruppenmitgliedern.

☆ ☆ ☆

Platz der Ressourcen 48

Ziele

Oft erleben wir Streß und Unruhe, so daß wir auch das Empfinden für die Kontinuität unseres Lebens verlieren.

In dieser sehr schönen Phantasie können wir die Teilnehmer an jenen inneren Platz führen, wo sie sich all ihre im Leben bisher gewonnenen Ressourcen vergegenwärtigen können, um dann einen mutigen Blick nach vorn zu riskieren, um ihrem Leben wichtige neue Impulse zu geben.

Anleitung

Wahrscheinlich habt ihr auch schon Menschen getroffen, die nicht wissen, was sie wollen. Die aus irgendeinem Grunde zögern, für sie wichtige Schritte zu unternehmen, und auf diese Weise auf der Stelle treten. Wenn wir jemandem begegnen, der an diesem Ich-weiß-nicht-was-ich-tun-soll-Syndrom leidet, dann fühlen wir uns zu Recht hilflos, denn wir können niemandem sinnvolle Vorschläge machen, was er mit seinem Leben anfangen soll. Das benötigte Wissen liegt tief in jedem von uns verborgen, aber wenn wir uns ein wenig Zeit nehmen, können wir dieses verborgene Wissen manifest machen. Ich möchte euch einen Weg zeigen, wie jeder von euch sein eigenes verborgenes Wissen noch besser benutzen kann, um das Leben zu führen, das er sich im geheimen erträumt.

Setz dich bequem hin und schließ deine Augen. Gönn dir selbst jene wunderbaren Atemzüge, die Körper und Geist wohltun.

Nun spüre all das, was du Wertvolles hast... Und du kannst dich selbst schätzen, und zwar nicht nur, weil du bist, sondern weil in dir die ewigen Gesetze des Universums verkörpert sind. Sei dir darüber klar, daß wir uns nicht selbst geschaffen haben, sondern daß wir schöpferisch bestimmen, wie wir uns selbst und unser Leben benutzen.

Und mit wachem Geist und entspanntem Körper kannst du zurückdenken an eine Zeit und an einen Platz, wo du dich so richtig wohl gefühlt hast... An einen Platz, wo du dich in Harmonie mit deiner Umgebung empfunden hast, in Harmonie mit den Menschen, mit Blumen und

KAPITEL 6: ORTE DER ERHOLUNG

Bäumen, Bergen und Flüssen... Eine Zeit und einen Platz, wo du dich vollkommen wohl gefühlt hast und wo alles ganz harmonisch war. Ich möchte, daß du dir jetzt gestattest, in deiner Phantasie an diesen Platz zu gehen und diese Gefühle neu zu erleben, alles vor Augen zu sehen, deine Gedanken zu erinnern, alles noch einmal verspüren. Bemerke die Wärme der Sonne, das sanfte Wehen des Windes, das Rascheln der Blätter an den Bäumen und die Farben. Du bist an diesem Platz schon so oft gewesen. Diesmal wird da allerdings etwas Besonderes sein. Es war schon immer da, aber du hast es bis heute nicht bemerkt. Es ist eine Tür. Irgend etwas an der Tür lädt dich ein, du gehst auf die Tür zu, langsam und mit festen Schritten und mit einem deutlichen Bewußtsein für die Richtung. Dann greifst du in deine Tasche und entdeckst einen golden schimmernden Schlüssel. Näher gekommen, bleibst du stehen, um die Tür genau zu betrachten. Genau an der richtigen Stelle hat die Tür einen Griff, sie hat gerade die richtige Größe für dich, so daß du bequem eintreten kannst. Du steckst den goldenen Schlüssel ins Schlüsselloch, und er paßt ganz genau. Ganz ohne jede Anstrengung kannst du die Tür öffnen.

Als du durch die Tür gehst, bist du zur gleichen Zeit erstaunt, aber nicht überrascht. Du gehst ein paar Stufen hinab in einen Raum, dessen Möbel deine Lieblingsfarben zeigen. Die Lampen sind gerade an den richtigen Stellen angebracht. Sie haben die richtige Helligkeit. Deine Lieblingsmusik spielt, und du bleibst stehen mitten in der Schönheit dieses Raumes und staunend darüber, wie leicht und natürlich dir alles scheint. Alles ist so, wie du es gern hast. Deine Augen leuchten vor Freude, und du empfindest Liebe für dich selbst, und dir fallen all die anderen ein, die du liebst. Und du findest es aufregend, in dieser Welt zu leben und ein Teil von ihr zu sein.

Deine Augen wandern zu einem Bücherregal. Die Bücher stehen in einer interessanten Reihenfolge, sie sehen einladend aus. Ein Buch zieht deine Aufmerksamkeit an. Es ist auf eine ganz besondere Weise gebunden. Du gehst darauf zu und nimmst es aus dem Regal. Auf dem Deckel steht dein Name in einer Schrift, die dir gefällt. Einen kleinen Augenblick bist du überrascht.

Du öffnest das Buch, und auf dem Titelblatt liest du den Eindruck „Das Buch über mich", und das erste Kapitel beschreibt, wo du geboren wurdest und wie die ersten Jahre deiner Kinderzeit verliefen. Und beim Durchblättern bemerkst du, daß das Buch eine Chronik deines Lebens ist mit all deinen Anstrengungen, Kämpfen, mit all deinen Freuden und Triumphen, mit all deinen Hoffnungen und Ängsten. Dann kommst du zu der letzten bedruckten Seite. Auf ihr steht das heutige Datum, und dann folgen viele leere Seiten, und die erste davon hat die Überschrift „Mein Leben vom heutigen Tage an, aufgebaut auf den Erfahrungen von gestern". Und wie du diese Überschrift liest, weißt du, daß all deine Erfahrungen der Vergangenheit dich auf das vorbereitet haben, was du heute Neues lernen kannst.

Du nimmst einen Stift, mit dem du gut schreiben kannst und der genau die richtige Farbe hat, und liebevoll und sorgsam beginnst du, alles aufzuschreiben, was du in diesem Abschnitt deines Lebens denkst, planst und tust. Vielleicht klarer als jemals zuvor. Und niemand außer dir wird dieses Buch jemals lesen.

Und weil dies das erste Mal ist, daß du bewußt in dieser Weise schreibst, schreibst du nur einen kurzen Absatz, aber du gibst dir selbst das Versprechen, daß du zurückkommen und weiterschreiben wirst, wann immer du das Bedürfnis danach hast. Und du wirst keine Forderung spüren, sondern eine Einladung, zurückzukommen zu dieser reichen Chronik, die du für dich selbst anlegst in diesem wunderbar gebundenen Buch.

Und du fühlst dich selbst wertvoll, behaglich und gut, so daß du das Buch behutsam schließen kannst, um es in das Bord zurückzustellen. Du weißt ja, daß du jederzeit zu diesem Buch zurückkehren kannst.

Du drehst dich um und hörst wieder deine Lieblingsmusik, und nach einem Augenblick gehst du mit ruhigen Schritten, aber angeregt und ganz lebendig über den reich verzierten Teppich zu der Tür. Du gehst hinaus zu dem Platz, den du vorher schon kanntest. Dann schließt du die Tür und steckst den goldenen Schlüssel in deine Tasche, und irgendwie weißt du, daß du diesen Schlüssel nie verlieren kannst. Du wirst ihn immer bei dir haben.

Ohne Hast kommst du zurück in eine neue Gegenwart in diesen Raum und zu dieser Gruppe. Und in deinem einmaligen persönlichen Rhythmus kommst du zurück auf deinen Stuhl in diesem Kreis. Und wenn du dazu bereit bist, dann kannst du langsam deine Augen öffnen.

☆ ☆ ☆

49 Ein heiliger Platz

Ziele

Wir haben uns angewöhnt, die Welt als profanes Feld für unsere Unternehmungen und für unsere Zwecke zu betrachten. Der Preis, den wir dafür zahlen, ist hoch. Eine Welt ohne heilige Plätze erfordert ständige Wachsamkeit und Entscheidungen, sie ist gefährlich und macht Angst. Die heiligen Plätze unserer Vorfahren gaben unendlich viel Sicherheit und Verbundenheit mit dem ganzen Kosmos. Wer einen heiligen Platz betreten hatte, war geschützt und stand unter der Obhut der Götter. Wir können dieses alte Bewußtsein nicht vollständig erneuern. Aber von Zeit zu Zeit können wir eine geistige Haltung einnehmen, die ähnlich ist.

Im folgenden Experiment laden wir die Teilnehmer dazu ein.

Anleitung

Wahrscheinlich hat jeder von euch Augenblicke erlebt, in denen er das Gefühl hatte, mit der Welt eins zu sein. Vielleicht beim Besteigen eines hohen Berges, vielleicht beim Betrachten des nächtlichen Sternenhimmels, vielleicht beim Musizieren oder beim Malen. In solchen Augenblicken spüren wir die Verbundenheit mit dem Leben, wir sind entlastet von allen Entscheidungen und vom Bewußtsein, für uns selbst und für andere sorgen zu müssen. Es ist sehr gesund für unseren Geist und für unseren Körper, wenn wir von Zeit zu Zeit eine solche innige Verbindung mit der Welt um uns herum genießen können. Unsere ganze Existenz kann sich dann neu ausrichten und ein höheres Maß an Übereinstimmung mit den Gesetzen des Universums erreichen. Ich möchte euch gleich zeigen, wie ihr das auf ganz einfache und natürliche Weise erreichen könnt.

Setz dich bequem hin und halte den Rücken ganz gerade. Richte deine Aufmerksamkeit auf deinen Atem und verändere ihn zunächst überhaupt nicht.

Mach dir klar: Wenn du einatmest, dann kommt das, was draußen war, nach innen. Und wenn du ausatmest, geht das, was drinnen war, nach außen. Dein Atem ist ein Dialog zwischen dir und der Außenwelt, und mit jedem Atemzug geht diese Kommunikation weiter. Meistens denkst du, wenn du atmest, daß es „dein" Atem ist. Gleich kannst du etwas Neues erfahren. Stell dir eine Weile vor, daß dein Atem nicht dir gehört. Stell dir vor, daß dein Atem eine ganz eigenständige Kraft ist, die zwischen dir und dem Universum hin- und herschwingt. Sie fließt in deinen Körper, während du einatmest, und sie fließt in die Welt, wenn du ausatmest.

Ist es dir möglich, für eine Weile zu empfinden, daß der Prozeß des Atmens nicht dir gehört? Beobachte deinen Atem wie ein sanftes Hin- und Herschwingen zwischen deinem Körper und dem Universum.

Der Atem fließt aus dir hinaus, und er wird von dem Universum empfangen. Und der Atem fließt aus dem Universum heraus und wird von dir empfangen. Wenn du ausatmest, atmet das Universum ein, und wenn du einatmest, dann atmet das Universum aus. Und langsam und geduldig kannst du dich für diese Art der Kommunikation öffnen. Und laß diese Kommunikation immer tiefer werden, bis der Atem hin- und hergeht zwischen deinem Herzen und dem Herzen des Universums. (1 Min.)

Dein Herz und das Herz des Universums beatmen einander. Und Atem ist Leben, Atem ist Geist. Wenn der Atem den Körper verläßt, verläßt ihn der Geist. Wenn der Atem hereinkommt, kommt auch das Leben herein. (1 Min.)

Was von dem Atem berührt wird, wird von dem Geist berührt. Es wird heilig. Und wenn der Atem in deinen Körper hereinfließt, dann kannst du im stillen zu dir sagen: „Das ist heiliger Platz, berührt vom Atem, wird mein Körper durch den Geist gesegnet."

Wenn der Atem hinausfließt in das Herz des Universums, dann kannst du im stillen zu dir sagen: „Auch das ist ein heiliger Platz, gesegnet durch die Bewegung des Atems, gesegnet durch den Strom des Geistes."

Mit der Zeit, wenn du dich an diesen Gedanken gewöhnt hast, kannst du beim Einatmen im stillen die einfachen Worte sagen: „Heiliger Platz in mir."

Beim Ausatmen kannst du leise sagen: „Heiliger Platz um mich herum." Laß dir fünf Minuten Zeit, in dieser Weise und mit diesem Bewußtsein zu atmen. (5 Min.)

Nun kannst du langsam zu deiner alltäglichen Art zu atmen zurückkehren. Und wann immer du das Bedürfnis hast, dich mit dem Universum verbunden zu fühlen, kannst du erneut in der eben von dir erlebten Art atmen.

Kehre nun zurück zu deinem Alltagsbewußtsein, erfrischt und wach, und nimm wieder Kontakt auf mit all den anderen Gruppenmitgliedern hier im Raum.

☆ ☆ ☆

Kapitel 7

Selbst achtung

50   *Die beste Medizin*

Ziele

Ein wunderbares Heilmittel für unsere Verspannung, für innere Unruhe und für viele körperliche Beschwerden ist Selbstachtung. Wir lernen unsere Selbstachtung durch den liebevollen Respekt, den uns unsere Eltern entgegenbringen. Wir erneuern dieses Empfinden, wenn wir als Jugendliche erleben können, daß auch andere uns schätzen und lieben. Und als Erwachsene können wir darüber hinaus diese sehr heilsame Einstellung zum Selbst pflegen, indem wir uns nicht zu selten kleine Botschaften der Anerkennung, des Verständnisses und der Zuneigung senden.

Natürlich gibt es ein kulturelles Tabu, daß wir uns selbst nicht zu sehr lieben dürfen. Deshalb wissen wir, daß es für die Teilnehmer wie für uns selbst nicht gerade einfach ist, unsere Selbstachtung zu vertiefen. Es ist somit berechtigt, Menschen zur Selbstachtung zu verführen. Das folgende Experiment bietet eine schöne suggestive Möglichkeit dafür.

Anleitung

Von Zeit zu Zeit erscheint jeder von uns im Wartezimmer eines Arztes. Und wenn wir dann das Heiligtum jeder Praxis betreten, das Sprechzimmer, dann fällt unser Blick auf all die Schränke mit den vielen, vielen Medikamenten mit den komplizierten griechischen und lateinischen Bezeichnungen. Je nachdem, was uns zu dem Arzt geführt hat, hoffen wir, daß es auch die richtige Medizin für uns gibt. Wenn wir es mit einem verantwortungsvollen Arzt zu tun haben, dann können wir davon ausgehen, daß der Arzt sehr sensibel ist für die Frage nach der richtigen Medizin. Er wird sein Fachwissen immer auf dem neuesten Stand haben, um Medikamente zu verschreiben, die dem Stand der Wissenschaft entsprechen. Gleichzeitig wird der Arzt wissen, daß es darüber hinaus eine sehr alte und klassische Medizin gibt, deren Wirkung durch nichts übertroffen werden kann. Sie wird in keinem Labor zusammengebraut, und es gibt auch keine Apotheke, wo sie verkäuflich wäre. Denn diese Medizin können nur wir selbst herstellen. Ganz tief in uns wissen wir auch, wie die Rezeptur dafür lautet. Und was immer ihr gerade jetzt denkt, das ist

KAPITEL 7: SELBSTACHTUNG

wichtig für euch. Darum möchte ich die Gelegenheit nutzen, daß ihr noch ein Stück weiter auf diesem Weg gehen könnt.

Setz dich bequem hin und gönn dir ein paar tiefe und erfrischende Atemzüge. Überlege einen Augenblick, wie du dem linken Teil deines Gehirns eine freundliche Botschaft zukommen lassen kannst. Dieser Teil deines Gehirns hat im Alltag so viel zu tun, und ich glaube, er freut sich über eine solche Botschaft. Wenn es dir möglich ist, schicke dem linken Teil deines Gehirns eine kräftige Portion Liebe, weil dieser Teil deines Geistes noch nicht weiß, daß deine rechte Gehirnhälfte dich beim Lernen unterstützen will. Jetzt kannst du dir das Empfinden gestatten, daß du einen wunderbaren Körper hast. Vielleicht kannst du spüren, wie all die vielen Einzelteile zusammenwirken, so daß du hier sitzen kannst und atmen, daß dein Kreislauf funktioniert, daß du mit der Nase riechen und mit den Ohren hören kannst. Daß du weißt, wie du aufmerksam sein kannst, und daß du liebevolle Gefühle in dir bemerken kannst. (1 Min.)

Mach es dir ganz bequem auf deinem Platz, halte gut die Balance und stell beide Füße sicher auf den Boden. Wenn irgendwo in deinem Körper kleine verspannte Stellen sind, dann kannst du deinen Atem dorthin schicken. Wenn du einen angespannten Platz gefunden hast, dann kannst du ihm ein Lächeln schicken und die Anspannung beim Ausatmen hinausfließen lassen.

Bemerke, daß dein Atem kommt und geht, zuverlässig, ob du daran denkst oder nicht. Während du hier sitzt, um irgend etwas Neues zu lernen, hast du vielleicht den Wunsch, deinem Atem irgendeine anregende Farbe zu geben. Diese Farbe könnte dann in alle Teile deines Körpers fließen und ihn nach und nach anfüllen. Du kannst dabei lächelnd spüren, wie diese Farbe dich anfüllt und dir guttut. Achte weiter auf deinen Atem und spüre, wie du dich mit deinem Atem lebendig machst. (1 Min.)

Jetzt geh ganz tief in dich hinein und sende dir eine kleine Botschaft der Selbstachtung. Es kann sein, daß du dir nun gestattest, all die Dinge loszulassen, die du mit dir herumgeschleppt hast und die dir jetzt nicht länger nützen. Sag ihnen ein freundliches Lebewohl. Laß sie los und achte auf die Dinge, die gerade jetzt für dich passend sind. Gib dir selbst die Erlaubnis, Dinge zu finden, die du jetzt für dein Leben brauchst. Wenn du dir selbst sagen kannst, daß du dich schätzt und magst, dann hast du eine gute Voraussetzung dafür geschaffen, auf allen Erfahrungen aufzubauen und Neues dazuzulernen. (1 Min.)

Komm nun mit deiner Aufmerksamkeit zurück, öffne die Augen und sei wieder hier, erfrischt und wach.

51 Selbstachtung

Ziele

Manchmal sind wir etwas zu konservativ. Ein Teil dieser konservativen Haltung zeigt sich darin, daß wir oft mehr daran interessiert sind, daß andere uns ihre Wertschätzung ausdrücken, als daß wir bereit wären, uns selbst Respekt und Zuneigung entgegenzubringen. In dem folgenden Experiment können die Teilnehmer auf eine interessante Weise üben, in dieser Hinsicht etwas weniger konservativ zu sein.

Anleitung

Wenn wir in einer Gruppe mit anderen zusammenarbeiten, dann möchten wir natürlich in dieser Gruppe unseren Platz finden, wir möchten auch ein gewisses Ansehen bei den anderen genießen. Das ist ganz natürlich. Genauso natürlich ist es allerdings, daß wir uns immer wieder daran erinnern, daß wir uns selbst am besten kennen. Niemand außer uns selbst weiß, was alles an guten Dingen oder an liebenswerten Möglichkeiten in uns steckt. Damit ihr euch daran erinnern könnt, will ich euch zu einem kleinen Experiment einladen, das sehr gesund ist und das euch in Zukunft helfen kann, mit den Erwartungen aneinander etwas lockerer und kreativer umzugehen.

Setzt euch bitte bequem hin und gönnt euch ein paar erfrischende und entspannende Atemzüge. Und wenn ihr es euch bequem gemacht habt, dann könnt ihr dieses angenehme Gefühl der Entspannung beibehalten. Und ihr könnt mit eurer Aufmerksamkeit nach innen gehen, bis zu dem Platz in euch, wo ihr den Mut habt, euch selbst zu mögen, ganz unabhängig davon, was andere Menschen über euch denken. Und man kann es auch so sehen: Unsere Schwierigkeit besteht nicht nur darin, wie wir lernen können, uns selbst zu lieben. Allzu oft machen wir den Fehler, daß wir den Wunsch haben, daß die anderen Menschen uns lieben sollen. Aber wir können üben, diese Erwartung etwas loszulassen und etwas genauer hinzusehen, wessen Beifall wirklich wichtig ist für uns. Wir können eine Zeitlang uns selbst eine Beifallsdiät verordnen, und in vielen Situationen, wenn wir mit anderen Leuten zusammentreffen, auf der

KAPITEL 7: SELBSTACHTUNG

Straße und im Büro, im Fahrstuhl und in der Eisenbahn, können wir ganz leise zu uns selbst sagen: „Ich werde dir nicht vorspielen, daß ich mich selbst nicht mag." Und wir können jedem, mit dem wir es zu tun haben, in die Augen sehen und dabei im stillen diesen Satz zu uns selbst sagen. Steht jetzt bitte auf und beginnt, im Raum herumzugehen. Spaziert ganz locker herum und genießt es, daß ihr euch frei bewegen könnt, und ab und zu könnt ihr anderen Gruppenmitgliedern gegenübertreten, ihnen in die Augen schauen und im stillen diesen kleinen magischen Satz sagen: „Ich werde dir nicht vorspielen, daß ich mich selbst nicht mag." Und ihr könnt herausfinden, wie es sich anfühlt, wenn ihr diesen Satz sagt, wie ihr dann atmet und was sonst noch in eurem Körper dabei passiert. Und ihr könnt euer Bewußtsein vertiefen und ein immer stärkeres Wissen dafür entwickeln, daß Beifall und Wertschätzung, die für uns am allerwichtigsten sind, von innen kommen. (3–4 Min.)

Nun stoppt bitte und kehrt an euren Platz zurück. Und ihr könnt hier, solange diese Gruppe läuft, weiter mit diesem Satz experimentieren und entdecken, wie sich euer Hunger nach Anerkennung langsam verändert.

☆ ☆ ☆

52 Mit den Augen eines Kindes

Ziele

Je leichter wir im Leben unsere geistige Perspektive wechseln können, desto besser geht es uns. Wir sind dann eher in der Lage, andere zu verstehen und uns selbst. Wir können die komplizierten Aufgaben, vor denen wir immer wieder stehen, schneller und kreativer lösen.

Wir benutzen in diesem Experiment eine schöne Metapher, um die Teilnehmer anzuregen, sich an ihren kindlichen Enthusiasmus zu erinnern und sich selbst wertvoll und liebenswert zu fühlen.

Anleitung

Wahrscheinlich geht es euch auch so, daß ihr oft in die Augen anderer Menschen schaut und schnell eine Ahnung entwickelt, was das Herz des anderen gerade bewegt. Manchmal sind das traurige und müde Augen, manchmal sind sie wach und begeistert. Und unseren eigenen Augen geht es auch so. Wenn wir bemerken, daß wir die Welt zu oft mit den nüchternen Augen des Erwachsenen betrachten, dann können wir bei den Zeiten anknüpfen, wo wir noch ein Kind waren und die neugierigen und staunenden Augen der Kindheit hatten. Wollt ihr das probieren?

Setz dich bequem hin und gönn dir ein paar tiefe, entspannende Atemzüge. Schließ deine Augen und öffne die inneren neugierigen und unschuldigen Augen des Kindes. Gestatte dir, mit diesen jungen Augen auf dein Leben zu schauen. Vielleicht fällt dir die eine oder andere Situation ein, die aus der Perspektive dieser Augen einen anderen Erlebnisakzent erhalten kann... (1 Min.)

Nun kannst du dir vorstellen, daß du dir etwas Gesellschaft verschaffst. Weil für Kinder so viel mehr möglich ist, kannst du mit den Augen des Kindes ein oder zwei wunderschöne Engel vor dir sehen. Wenn du willst, einen rechts und einen links. Und während du die Präsenz dieser herrli-

KAPITEL 7: SELBSTACHTUNG

chen hellen Gestalten genießt, kannst du dein Inneres öffnen, um die Liebe zu spüren, die Stärke und die Atmosphäre des Friedens, die von ihnen ausgeht. Du kannst ihnen die Erlaubnis geben, daß sie sich wie richtige Eltern verhalten und daß sie dich lieben, genau so, wie du jetzt gerade bist. Du kannst dir selbst gestatten, das Kind dieser Engel zu sein, von ihnen geschätzt und geliebt. Und vielleicht drücken diese himmlischen Wesen das auf irgendeine Weise aus, die zu dir paßt. Du kannst ihre Präsenz als Unterstützung betrachten, daß du ganz leise zu dir selbst sagen kannst: „Ich bin wertvoll und liebenswert." (1 Min.)

Nun kannst du den Engeln Adieu sagen und mit deinen Kinderaugen zuschauen, wie sie zurückkehren an ihren gewöhnlichen Aufenthaltsort. Und du kannst dich an dieses Zusammentreffen erinnern und später darüber nachdenken, wie sich dein Leben verändert, wenn du ab und zu die Welt und dich selbst mit den Augen jenes Kindes betrachtest, das schon so lange in dir existiert und das dich so gut kennt... Und nun kannst du gleich deine Augen wieder öffnen und ein paarmal mit den Augenlidern blinkern und mit deinem Bewußtsein wieder bei uns sein, erfrischt und wach.

☆ ☆ ☆

53 *Diamant*

Ziele

Je besser wir die verschiedenen Aspekte unserer Person akzeptieren können, desto ausgeglichener fühlen wir uns. Oft gibt es Teile unserer Person, die wir ignorieren oder ablehnen. Dann kann es dazu kommen, daß unsere innere Entwicklung ins Stocken gerät und daß eine Ruhelosigkeit uns daran hindert, uns tief zu regenerieren. Von diesem Experiment schlagen wir den Teilnehmern eine schöne Metapher vor, die den Wert jeder einzelnen Persönlichkeit unterstreicht.

Anleitung

Wenn wir uns entspannen wollen, dann gelingt uns das leichter, wenn die vielen inneren Stimmen unseres Selbst ebenfalls bereit sind, eine Zeitlang zu schweigen. Leider sind wir all den verschiedenen Stimmen gegenüber nicht ganz gerecht. Wir bevorzugen einige, und andere, von denen wir glauben, daß sie eher unsere persönlichen Schattenseiten repräsentieren, lehnen wir ab. Und wie zurückgesetzte Kinder können uns diese unverstandenen inneren Stimmen um unsere wohlverdiente Ruhe bringen. Manchmal rumoren sie im Inneren, weil sie Beachtung verlangen.

Ich möchte euch gleich ein schönes Bild vorschlagen, das euch helfen kann, großzügig und aufmerksam alles zu beachten, was in euch ist.

Setz dich bequem hin und schließ die Augen. Während du beginnst, tiefer zu atmen, kannst du dir vorstellen, daß du wie ein Diamant bist mit vielen Facetten, dazu bestimmt, das Licht zu reflektieren.

Jeder von uns ist ein besonderer und einzigartiger Diamant. Wenn wir gute Freunde für uns selbst sein wollen, dann müssen wir alle unsere Facetten erkunden und uns realistisch einschätzen, indem wir alle Aspekte unserer Existenz berücksichtigen. Und jede Facette, egal wie dunkel sie erscheinen mag, wird das Licht reflektieren, wenn sie geheilt ist von alten Wunden, alten Lebensanschauungen und Verhaltensmustern. Wir brauchen Geduld und Mut, um auch die Teile unserer Person zu heilen, die

KAPITEL 7: SELBSTACHTUNG

wir vorher abgelehnt haben, weil sie uns vorher trübe oder störend erschienen sind. Und damit du auch später auf das Symbol des Diamanten zurückgreifen kannst, ist es gut, wenn du das Bild etwas reichhaltiger ausgestaltest.

Stell dir vor, daß du am Ufer eines Sees stehst, die Oberfläche ist glatt wie poliertes Glas. Ein kleiner Lichtpunkt wird nun von dem Wasser reflektiert und verwandelt sich langsam in eine wunderschöne leuchtende Helligkeit, so als ob Tausende von strahlenden Diamanten auf der Oberfläche des Wassers tanzen.

Stell dir vor, daß dieses strahlende Licht immer größer wird und auch dich einbezieht, bis du selbst und der ganze See zu einem einzigen großen Diamanten werden, der Licht und Liebe zu allem um dich herum sendet. Licht und Liebe für deine Familie, deine Freunde und für die Welt als Ganzes.

Nun kannst du langsam mit deiner Aufmerksamkeit hierher zurückkommen, dich etwas recken und strecken, die Augen öffnen und wieder bei uns sein, erfrischt und wach.

☆ ☆ ☆

54   *Das innere Kind lieben*

Ziele

Respekt für die eigene Person, insbesondere für die zarten und kreativen Aspekte, läßt sich sehr schön mit der Vorstellung vom inneren Kind verbinden. Wenn wir in der Lage sind, als Erwachsener für unser inneres Kind liebevolles Verständnis zu entwickeln, dann sind wir sicher vor Selbstausbeutung und vor einseitigen Belastungen. Wir können dann viel leichter zur Ruhe kommen, uns entspannen und frisch gestärkt zu all unseren Aufgaben zurückkehren.

In dieser einfachen Phantasie können die Teilnehmer Kontakt aufnehmen zu ihrem inneren Kind, um ihm die Liebe und Aufmerksamkeit zu schenken, die es wirklich verdient.

Anleitung

Jeder von uns hat im Inneren eine ganze Menge verschiedener Charaktere, die unsere einzigartige Persönlichkeit ausmachen. Und die Rollenbesetzung ist sicher bei jedem anders. Aber gemeinsam ist uns allen, daß jeder von uns ein verletztes kleines Kind in sich hat, das manchmal schüchtern ist, ängstlich, leidend. Es fühlt sich nicht immer mutig oder tapfer. Manchmal hat es Angst vor dem Leben. Wenn wir liebevoll zu unserem inneren Kind sein können und ihm helfen, sich sicher in der Welt zu fühlen, dann haben wir einen großen Schritt gemacht. Denn auch als Erwachsener können wir uns erst dann sicher und geliebt fühlen, wenn das kleine verletzte Kind in uns geheilt ist. Und manchmal ist es sogar notwendig, daß wir dem inneren Kind irgendein tröstliches Geschenk machen, um ihm und uns selbst zu bestätigen, daß wir es ernst meinen. Ich möchte euch vorschlagen, daß ihr euch ein wenig Zeit nehmt für euer Inneres.

Setz dich bequem hin und schließ die Augen.

KAPITEL 7: SELBSTACHTUNG

Während du deine Atmung tiefer und vollständiger werden läßt, kannst du dir vorstellen, daß du an einem schönen Platz bist, wo du dich in jeder Weise behaglich und sicher fühlen kannst. Lade das kleine Mädchen oder den kleinen Jungen in dir ein, dazuzukommen. Und vielleicht fällt dir ein altes Foto ein, das dich als Kind zeigt, oder du denkst an irgendein Symbol für deine Kindheit. Oder du spürst ganz einfach die Gegenwart deines inneren Kindes. Und vielleicht ist dieses kleine Kind zuerst etwas unruhig oder ängstlich, so daß ihr etwas Zeit braucht, um miteinander warm zu werden. Sprich mit deinem inneren Kind, sei einfach da, höre ihm zu, nimm es in den Arm. Deine ungeteilte Aufmerksamkeit und dein Verständnis, deine Liebe können dazu beitragen, daß die alten Verletzungen heilen. Laß dir ein paar Minuten Zeit, um diesen Kontakt so zu gestalten, wie es für dich passend ist... (2–3 Min.)

Nun kannst du dich von deinem inneren Kind verabschieden. Wenn du möchtest, kannst du ihm auch irgendwo in deinem Inneren einen Platz zum Wohnen anbieten, wenn sich das für dich gut anfühlt. Vor allem kannst du dich verabreden, um diese Art der Kommunikation zu einem späteren Zeitpunkt fortzusetzen. Und du kannst darauf vertrauen, daß diese Zeit, die du dir nimmst, reiche Früchte tragen wird – mehr innere Ruhe, Selbstvertrauen, Lebensfreude und Kreativität. Und dieser Austausch mit dem inneren Kind kann auch spontan geschehen, wenn du dein Unbewußtes einlädst, dich dabei zu unterstützen.

Und nun ist es Zeit, mit deiner Aufmerksamkeit zurückzukehren. Recke und strecke dich, öffne die Augen und sei wieder bei uns allen, wach und erfrischt.

☆ ☆ ☆

55 Unseren Körper schätzen

Ziele

Wenn wir uns entspannen wollen, dann gelingt uns das viel schneller und auf angenehmere Art und Weise, wenn wir eine freundschaftliche Beziehung zu unserem eigenen Körper pflegen. Frauen stehen mit ihrem eigenen Körper oft auf Kriegsfuß. Sie vergleichen sich mit den Idolen der Schönheit, und wenn sie diesen Idealen nicht entsprechen, dann kritisieren sie sich. Männer behandeln den eigenen Körper allzuleicht wie eine Maschine, die alle möglichen Leistungen vollbringen muß. Sie haben wenig Sinn für die feineren Bedürfnisse des eigenen Körpers und seine Grenzen und für unentdeckte Möglichkeiten. Beide, Männer und Frauen, können unendlich viel dadurch gewinnen, wenn sie dem eigenen Körper etwas mehr staunende Aufmerksamkeit widmen.

Anleitung

Ich vermute, daß jeder von euch die eigene Seele, den eigenen Geist ziemlich gut kennt. Und ich vermute weiter, daß ihr euren eigenen Körper sehr viel weniger kennt. Dabei verdient unser Körper eigentlich ein hohes Maß an Bewunderung für die wunderbare Weise, wie er für uns funktioniert. Schon so viele Jahre lang. Und ich möchte euch gleich Gelegenheit geben, eurem Körper eine Extraportion liebevolle Aufmerksamkeit zu schenken.

Setz dich bequem hin, schließ die Augen und gönne dir ein paar tiefe Atemzüge. Es kann sein, daß du gleich etwas Mut brauchst. Das kann ein Hinweis dafür sein, daß du dabei bist, für dich etwas sehr Wichtiges zu tun. Stell dir vor, daß du allein bist in irgendeinem Raum, wo du dich ungestört und sicher fühlen kannst. Und vor einem großen Spiegel stehend kannst du beginnen, dich zu entkleiden. Wenn du es riskieren kannst, dann zieh dich vollständig aus. Dann betrachte dich genau im

KAPITEL 7: SELBSTACHTUNG

Spiegel. Bemerke all die Plätze deines Körpers, mit denen du vielleicht wenig zufrieden bist. Beachte die Teile deines Körpers, die du im Alltag eher rücksichtslos behandelst und strapazierst. Gib den Teilen deines Körpers Aufmerksamkeit, die von Zeit zu Zeit krank werden, die verletzt worden sind und die im Augenblick etwas schwach erscheinen. Und dann kannst du all diesen Teilen deines Körpers dafür danken, daß sie Tag für Tag für dich da sind und ihre Arbeit für dich tun. Und du kannst es sehr spezifisch machen, z.B. so: „Ich danke euch, Beine, daß ihr stark genug seit, daß ich mit eurer Hilfe an meinem geliebten Strand spazieren gehen kann." Und wenn du all den einzelnen Teilen deines Körpers, die darauf warten, gedankt hast, dann kannst du dich auch bei deinem Körper als Ganzem dafür bedanken, daß er dir deine Existenz ermöglicht. Laß dir nun ein paar Minuten Zeit, um auf deine Weise zu deinem Körper zu sprechen wie zu einem guten Freund. (2–3 Min.)

Wenn du gleich mit deiner Aufmerksamkeit wieder hierher zurückkommst, dann kannst du ins Auge fassen, von Zeit zu Zeit deinem Körper diese ungeteilte Aufmerksamkeit zu gewähren und mit ihm zu sprechen. Du wirst viel schneller in der Lage sein, die Botschaften deines Körpers und seine Wünsche zu verstehen. Auf diese Weise kannst du freier, harmonischer und kreativer leben.

Nun kannst du dich ein wenig recken und strecken und dann wieder die Augen öffnen und dich hier im Raum neu orientieren.

☆ ☆ ☆

Kapitel 8

Spirituelle Verbindungen

56 *Offen für Wunder*

Ziele

Ein Teil unserer Erschöpfung rührt daher, daß wir verlernt haben, die Welt mit den Augen eines Kindes zu sehen. Unsere Erwachsenenaugen sind oft so borniert praktisch, daß wir müde davon werden. Denn wir verfolgen unsere Standardziele, wir denken unsere Standardgedanken, wir erholen uns in unserer Standardmanier. Auf diese Weise gebrauchen wir unseren Geist auf eine höchst einseitige Weise und verbauen uns die Chance, wirklich mit dem Leben mitzufließen. Wenn wir uns den Luxus gestatten, uns selbst und die Welt immer wieder ganz neu zu sehen, ganz frisch, ganz überraschend, dann können auch unsere inneren Reaktionen frisch und neuartig sein.

Und wenn wir uns dazu entschließen können, von Zeit zu Zeit wieder mit den Augen eines Kindes zu sehen, dann öffnen wir uns gleichzeitig unsere eigenen Spiritualität. Wir können dann so etwas empfinden wie Ehrfurcht vor dem Leben, wir können uns geborgen fühlen in einer Welt, die auf wunderbare Weise aus vielen chaotischen Einzelheiten immer wieder sinnvolle Strukturen entwickelt.

In diesem einfachen Experiment können die Teilnehmer sich jenen transpersonalen Energien öffnen, die ihnen das Empfinden innerer Ruhe, Klarheit und Gestaltungskraft schenken können.

Anleitung

Entspannen können wir uns eigentlich nur dann, wenn wir uns sicher fühlen. Und ich hoffe, daß ihr euch sicher fühlt in diesem Augenblick in dieser Gruppe. Ihr könnt euch noch geborgener fühlen, wenn ihr euch in Kontakt fühlt mit jenen einfachen Kräften, die die Welt ordnen; wenn ihr spüren könnt, daß ihr ein Teil des Universums seid. In diesem Sinne will ich euch dazu einladen, ein paar Minuten an jenen inneren Platz zu gehen, wo jeder von uns Philosoph, Theologe oder Künstler sein kann.

Setz dich bequem hin, schließ die Augen und genieße ganz einfach die Gelegenheit, tief und vollständig atmen zu können. Du kannst dir klarma-

KAPITEL 8: SPIRITUELLE VERBINDUNGEN

chen, daß du die Kraft hast, um dein Leben zu gestalten. Diese Kraft kommt aus dem Zentrum der Erde, und sie kommt zu dir durch deine Füße und Beine, und sie verbindet dich mit der Erde.

Stell dir eine Farbe vor, die du gern hast, und gib sie dieser Kraft und sieh, wie sie sich bewegt, wie sie in schönen Kreisen fließt und wirbelt.

Sei dir auch der Kraft bewußt, die vom Himmel kommt und die hinabfließt durch deinen Kopf und die dir Inspiration bringt, Phantasie und ein Bild all dessen, was möglich ist. Und gibt auch dieser Kraft eine Farbe, die dazu paßt, und sieh, wie sie sich auf ihre Weise bewegt.

Und natürlich treffen diese beide Kräfte, die Kraft der Erde und die Kraft des Himmels, zusammen. Sieh ihnen zu, wie sie sich gegenseitig bereichern und dabei eine dritte Kraft schaffen, nämlich die Kraft der Verbundenheit zwischen dir und allen anderen Dingen auf dieser Erde. Sieh auch diese Kraft, wie sie aus dir herausströmt durch deine Arme und Hände, um dich mit anderen zu verbinden, wenn du sie z.B. umarmst. Sieh auch die Farbe dieser Kraft... Und nun sieh, wie diese drei Farben sich vermischen, wie sich sich überlagern, wie sie manchmal etwas Neues schaffen. Und sie sind immer da, und sie stehen immer frisch zur Verfügung...

Nun kannst du wissen, daß du selbst ein Wunder bist. Es gibt niemanden auf dieser Erde, der genau so ist wie du.

Geh zu dem Platz tief in dir, wo du jenen Schatz aufbewahrst, der durch deinen Namen bezeichnet ist. Und wenn du dorthin kommst, aufmerksam, behutsam, neugierig, dann kannst du all deine Ressourcen bemerken, deine Fähigkeit zu sehen, zu hören, zu berühren, zu schmecken, zu riechen, zu fühlen, zu denken, dich zu bewegen und zu wählen.

Betrachte, was du jetzt schon hast, und schau auf das, was du später einmal erwerben möchtest. Und du kannst das tun, indem du dir gestattest, alles kennenzulernen, worauf du neugierig bist. Aber nur das zu wählen, was zu dir paßt.

Du kannst später noch ein wenig mehr darüber nachdenken, was es für dich bedeuten kann, daß dir die Kräfte des Himmels und der Erde zufließen und daß du wählen kannst. Du mußt dieses Wunder jetzt nicht verstehen, es reicht vollständig aus, wenn du es genießen kannst.

Komm nun mit deiner Aufmerksamkeit hierher zurück und öffne die Augen. Recke und strecke dich, sei wieder bei uns allen, erfrischt und wach.

57   *Innerer Friede*

Ziele

In diesem Experiment können die Teilnehmer mit ihrer Unterstützung und angeregt von passender meditativer Musik etwas empfinden, was wir sonst nur erleben, wenn wir in einer schönen Kathedrale zur Ruhe kommen, oder in einer Moschee, in einer Synagoge oder in einem Tempel. Es ist allerdings empfehlenswert, daß die Teilnehmer zuvor ihr Bewegungsbedürfnis befriedigt haben, z.B. durch Tanzen oder durch anstrengende Arbeit, so daß sie dazu bereit sind, zur Ruhe zu kommen und nach innen zu gehen.

Material: Sie benötigen einen Kassettenrecorder und eine passende Musikaufnahme, z.B. „The Mystery Within" von Janet Bray und Eddie Hartshorne, Sacred Arts 201, Berkeley, California.

Anleitung

Wir alle haben das Bedürfnis, von Zeit zu Zeit wirklichen Frieden zu erleben. In einer unruhigen Welt wird unser Bedürfnis nach Neuem und Überraschendem leichter befriedigt als unsere Sehnsucht nach Frieden und Stille. Aber wir brauchen auch diese Qualität in unserem Leben, um jene tiefe Erholung zu ermöglichen, die uns gestattet, schöpferisch zu sein und großzügig und hilfsbereit. Es gibt viele Wege, den Frieden des Herzens zu finden, und jeder hat glücklicherweise seinen eigenen Zugang zu dieser Qualität. Ich möchte euch heute ein ganz speziellen Weg zeigen, der sich vielleicht gut mit euren eigenen Möglichkeiten verbindet.

Setz dich bequem hin und richte deinen Rücken ganz gerade. Bring deinen Körper in ein gutes Gleichgewicht zwischen der linken und der rechten Seite. Nun schließ die Augen und achte auf deinen Atem... Genieße die Möglichkeit, deinen Atem selbst so zu regulieren, daß du ein Gefühl von Freiheit und Weite in der Brust bemerken kannst... Bemerke auch die Empfindungen auf der linken Seite deiner Brust in der Gegend um dein Herz herum: Schwere oder Leichtigkeit, Wärme, Wohlbefinden oder Taubheit, Pochen.

KAPITEL 8: SPIRITUELLE VERBINDUNGEN

Wir glauben, daß unser Geist im Kopf wohnt. Aber viele Naturvölker würden über diese Idee lachen. Sie glauben, daß ihr Geist im Herz wohnt, und in diesem Phantasieexperiment lade ich dich dazu ein, ebenfalls dein Bewußtsein in deinem Herzen Platz nehmen zu lassen. Und ich werde gleich etwas Musik dazu spielen, die zusätzlich zu meinen Worten helfen kann, mit dem Herzen zu denken.

Und atme tief. Nun stell dir vor, daß dein Herz ein See ist. Ein wunderschöner runder See mit tiefem Wasser, kristallklar und leuchtend. Weit entfernt von Städten und Dörfern liegt dieser See in der Einsamkeit, umgeben von Schweigen und den sanften Geräuschen der Natur.

Schau auf den See deines Herzens. Betrachte die Pflanzen, die Vögel, die Bäume, die Farben. Schau hinauf in den Himmel.

Nun geh dicht an das Ufer des Sees. Dort findest du ein kleines Ruderboot. Mit einem Seil ist es locker angebunden. Du weißt, daß es auf dich wartet. Schau dir an, wie das Boot aussieht, welche Farbe es hat. Es ist dein Boot. Und nun kannst du das Seil losmachen und es ins Boot werfen und hineinsteigen. Mit einem Ruder kannst du dich vom Ufer abstoßen. Du beginnst, in dem Boot über den See zu gleiten.

Du ruderst hinaus über das blaugrüne Wasser bis zum Mittelpunkt des Sees. Dieser See ist dein eigenes Herz. Seine Oberfläche ist das genaue Spiegelbild deines eigenen inneren Zustandes. Zeigt dein See Ausgeglichenheit und Ruhe? Manchmal bemerkst du, daß die Wellen ziemlich rauh sind, ein anderes Mal ist die Oberfläche so spiegelglatt, daß die leichteste Brise das Wasser zum Kräuseln bringt. Und bemerke auch den Himmel. Ist er wolkig und bedeckt, oder ist er klar und sonnig? Aber zum Glück bist du nicht von Wind und Wellen abhängig. Dein Atem ist das Instrument, mit dem du deinen Geist zur Ruhe bringen kannst, mit dem du alle Turbulenzen besänftigen und ein Empfinden von Ruhe und Frieden herbeiführen kannst. Beobachte, wie das geschieht, wenn du gleich weiteratmest...(1–2 Min.)

Du kannst sogar die Wolken vom Himmel vertreiben, wenn du das möchtest. In deinem Boot dahintreibend, kannst du dir so viel Zeit zum Atmen nehmen, wie du brauchst. Die Zauberkraft deines Atmens läßt den See ganz ruhig werden, bis seine Oberfläche glatt ist wie ein Spiegel, unverletzt unter einem unermeßlich weiten Himmel. Atme, und beobachte die Schönheit des Sees. Gestatte dir, das Geschenk des Friedens und der inneren Gelassenheit ganz anzunehmen.

Wenn du wieder auf den See hinausblickst, kannst du einen Schwan bemerken. Du kannst sein strahlend weißes Gefieder leuchten sehen, den eleganten Bogen seines Halses. Ohne alle Eile, mit vollkommener Leichtigkeit gleitet der Schwan über das Wasser, und manchmal legt er eine Pause ein, um einige Federn in Ordnung zu bringen oder um sich aus dem klaren Wasser mit ein paar Schlucken zu erfrischen.

Beobachte einfach den Schwan. Bemerke, wie friedlich, anmutig und ruhig er dahingleitet. Und du kannst eine Zeitlang dieser Schwan sein und ganz frei auf dem See deines Herzens dahintreiben. Du bist alles: Bewußtsein, Schönheit, Frieden. Du bist das Schweigen.

Nimm die Schönheit der Landschaft deines Herzens in dich auf, die Farben und die leisen Töne. Und ganz langsam kannst du in deinem Geist folgende Affirmationen sagen:

> Ich bin Friede.
> Ich bin Schönheit.
> Ich bin Liebe.

Du kannst gleich noch eine Weile in deinem Herzen, in deinem Mittelpunkt bleiben. (2–3 Min.)

Nun sag dem See Adieu. Du kannst ihm danken für das klare unberührte Wasser, das du genießen konntest. Und du darfst wissen, daß du immer zu diesem Platz zurückkehren kannst...

Atme einmal ganz besonders tief. Spüre dabei deinen ganzen Körper. Recke und strecke dich. Öffne jetzt deine Augen. Sieh dich hier im Raum um und sei mit deiner Aufmerksamkeit wieder bei uns allen, wach und erfrischt.

☆ ☆ ☆

Botschaft der Liebe 58

Ziele

Mit diesem Experiment können Sie Ihren Teilnehmern ein wertvolles Geschenk machen. Sie können ihnen Gelegenheit geben, in aller Ruhe sich auf jene Haltung zu konzentrieren, die es uns möglich macht, uns verbunden zu fühlen – verbunden mit uns selbst, verbunden mit anderen und verbunden mit dem Universum.

Anleitung

Wenn wir gesund leben und alt werden möchten, dann sollten wir uns an einige Empfehlungen halten, die auch von den großen Religionen ausgesprochen werden. Wenn wir unseren Feinden vergeben, dann können wir uns selbst das köstliche Geschenk von innerem Frieden und Gelassenheit geben. Wir atmen dann ganz anders. Wir fühlen anders, weil wir unserem Körper dann giftigen Streß ersparen. Wenn wir darüber hinaus das köstliche Gefühl der Liebe empfinden, dann schaffen wir in uns die Voraussetzungen für Optimismus, innere Sicherheit und Vertrauen in das Leben. Wir werden dann sehr viel besser mit all den unvermeidbaren Schwierigkeiten fertig, die das Schicksal für jeden bereithält.

Auch die Liebe können wir lernen. Vielleicht habt ihr Lust, euch gleich etwas zu entspannen und euch dabei an einige Dinge wieder neu zu erinnern, die ihr im Laufe eures Lebens über die Kunst des Liebens schon erfahren habt.

Setz dich bequem hin und schließe deine Augen. Richte deine Aufmerksamkeit auf deine Atmung. Und vielleicht wirst du gleich noch mehr als sonst deinen Atem schätzen, weil er dich mit dem Leben verbindet. Und darum kannst du dir selbst die Erlaubnis geben, daß dein Körper aufnahmebereit und entspannt ist, so daß dein Atem überall hinkommen kann, weil dein Körper ein weites Gefäß ist für jedes Quentchen Luft, das du einatmest.

Du kannst die Entspannung deines Körpers kontrollieren, und du weißt, wie du ihm gestatten kannst, locker zu lassen; und ebenso bist du in der

KAPITEL 8: SPIRITUELLE VERBINDUNGEN

Lage, deinen Körper zu lehren, wie er sich auf angenehme Weise entspannen kann. Und wenn du das gleich tust, kannst du diese Gedanken verbinden mit dem Erlebnis, wie dein Körper Stück für Stück losläßt. Du kannst auch die Spannungen in deinem Körper bemerken, was ganz leicht ist. Wenn du deine Verspannungen bemerkst, dann kannst du ihnen dafür dankbar sein, weil sie dir sagen, wo sie sitzen, und weil sie dir auf diese Weise Gelegenheit geben, locker zu lassen. Wenn du nach Anzeichen von Spannung suchst, kannst du die Signale der Anspanung empfinden, und du kannst ihnen erlauben loszulassen. Wenn du beim Ausatmen Anspannung hinausfließen läßt, dann schaffst du neuen, freien Raum für deinen Atem. Vielleicht kannst du schon bald spüren, daß dein Atem, wenn du ihn hereinströmen läßt, weit hinab fließt in deinen Bauch und daß er ganz sanft deinen ganzen Körper füllt. Es ist nicht nötig, daß du dich dabei anstrengst. Laß einfach deinen Körper bereit sein, laß den Atem hereinströmen. Dein Atem und die Entspannung bilden gemeinsam eine Kraft, jene Kraft, die wir empfinden, wenn wir zentriert sind.

Du kannst zu all dem noch zwei Dinge hinzufügen: dein waches Bewußtsein und eine Botschaft an dich selbst, daß du dich selbst liebst. Mit dieser Botschaft kannst du zu deinem eigenen Wohlbefinden beitragen, und du kannst daraus zusätzliche Kraft entwickeln und Weisheit.

Es ist gut, wenn du innen deine Botschaft der Liebe hörst; die Botschaft, daß du dich schätzt, daß du für dich sorgen willst, daß du mit dir selbst verbunden bist. Du kannst wissen, daß dein Körper diese Botschaft immer gerne hören wird. In der Kinderzeit achteten viele von uns lediglich darauf, ihren Körper sauber zu halten. Jetzt hast du die Gelegenheit, deinen Körper ganz neu zu entdecken. Die Botschaften deines Körpers sind wichtig für dich. Denn du bist der Hüter für das Haus deines Körpers. Dein Körper versucht unter allen Umständen, dir zu gehorchen. Und er geht dabei so weit, daß er dir hilft krank zu werden. Nur wenige Menschen würden sich das bewußt vornehmen. Wenn wir jedoch nachlässig atmen, wenn wir uns selbst nicht lieben, dann kann daraus sehr leicht Krankheit entstehen.

Geh wieder nach innen und prüfe nach, ob du irgendwelche angespannten Stellen findest. Wenn du welche entdeckst, dann sende ihnen ein Lächeln. Das ist eine andere Weise, uns selbst zu lieben, einfach zu bemerken, was in uns geschieht. Vielleicht kannst du jetzt dem Gedanken folgen, daß du für dich sorgst, wenn du dich liebst, daß du auf diese Weise Kraft gewinnst. Aus dieser Kraft kannst du Weisheit entwickeln, Gesundheit und Ausgeglichenheit.

KAPITEL 8: SPIRITUELLE VERBINDUNGEN

Vielleicht kannst du an dieser Stelle dich daran erinnern, daß dein Herz rein ist. Unser Herz ist rein und immer bereit, uns seine Reinheit zu zeigen, wenn wir bereit sind zu hören. Und natürlich haben wir alle in der Vergangenheit gegenteilige Botschaften gehört. Vielleicht kannst du diesmal all diese negativen Bemerkungen als Kommentare von Verhalten betrachten, von Handlungen, und nicht als Aussagen über deinen Wert.

Vielleicht willst du dir demnächst etwas extra Zeit gönnen, um über diese Dinge weiter nachzudenken. Und du kannst deinem unbewußten Geist signalisieren, daß du daran interessiert bist, dich selbst zu achten, von Tag zu Tag etwas mehr.

Nun ist es Zeit, mit deiner Aufmerksamkeit wieder zurückzukehren. Du kannst dich ein wenig recken und strecken, in deinem persönlichen Rhythmus die Augen öffnen und wieder hier bei uns zu sein, erfrischt und wach.

☆ ☆ ☆

59 Mit dem Leben verbunden

Ziele

Auch mit diesem Experiment können Sie Ihren Teilnehmern helfen, Selbstachtung zu entwickeln und Verantwortung für den eigenen Körper, für den eigenen Geist, für das eigene Leben. Mit diesem Bewußtsein fällt es uns viel leichter, unsere Verbindung mit dem Leben zu genießen und uns jeden Tag neu den Wundern und Herausforderungen unserer Existenz zu öffnen.

Anleitung

Ich möchte euch vorschlagen, ein paar wertvolle Minuten nach innen zu gehen an jenen Platz, wo ihr euch regenerieren könnt, wo ihr Ruhe und Frieden finden könnt. Und wenn ihr euch jeden Tag eine solche Gelegenheit gönnt, vielleicht nur eine Minute lang, dann ist das auch eine gute Idee.

Setz dich bequem hin und erlaube deinen Augen, sich zu schließen. Achte auf deinen Atem und gib deinem Körper die Gelegenheit, lockerzulassen. Bemerke, daß du auf diese Weise zusätzliche innere Kraft entwickelst. Wenn du deinen Körper entspannst, dann kann dein Körper viel leichter atmen, ohne jede Anstrengung. Wenn dein Körper aufnahmebereit und entspannt ist, kann dein Atem seine Arbeit tun. Wir können gar nicht oft genug daran denken, daß unser Körper am besten funktioniert, wenn er entspannt ist. Und dann fühlen wir uns stark.

Nun kannst du nachprüfen, wo überall in deinem Körper noch Anspannung ist. Vielleicht kannst du von nun an solche Signale der Anspannung als liebevolle Botschaft deines Körpers interpretieren, mit denen dir dein Körper sagt: „Du engst mich ein." Ich glaube nicht, daß du willst, daß dein Körper leidet. Vielleicht kann es dir noch klarer werden, daß jede Anspannung in einem Teil deines Körpers eine Botschaft ist oder ein Hilferuf. Und zu allererst müssen wir einen solchen Hilferuf beachten, ob er nun von unseren Füßen kommt, von unseren Knien, von unserem Rücken oder von irgendeiner anderen Stelle. Du kannst dankbar dafür sein, daß du deinen Körper hören kannst und daß dein Körper dir diese Information geben kann.

Vielleicht kannst du dir in Zukunft häufiger die Erlaubnis geben, deinen Körper wahrzunehmen und darauf zu achten, daß er sich entspannen kann, weil du weißt, daß Entspannung und richtige Atmung zu deiner Kraft beitragen können. Und wenn du vor einer besonderen Herausforderung stehst, dann kannst du dich darauf vorbereiten, indem du deinen Körper entspannst und auf deine Atmung achtest. Auch deine Willenskraft wird stärker, wenn sie von einem entspannten Körper kommt, der richtig atmet.

Gleich kannst du deinem Atem eine Farbe geben. Wenn du deinen Körper aufforderst locker zu lassen, dann kannst du auf deinen farbigen Atem achten, wie er alle Teile deines Körpers ernährt und erfrischt. Wenn du möchtest, kannst du an deinem Atem auch eine kleine Glocke anbringen, so daß du hören kannst, wie dein Atem durch deinen ganzen Körper strömt, ein kleines Glöckchen, das zusammen mit der Farbe deine Atems überall in deinem Körper klingelt.

Vielleicht siehst du auch gleich noch andere Bilder. Vielleicht segelst du in einem kleinen Boot in deinem Körper herum oder fliegst in einem kleinen Flugzeug durch deinen Körper, während du der Glocke zuhörst und die Farbe beobachtest, die sich im Körper verteilt. Und vielleicht siehst du noch ganz andere Bilder.

Nun kannst du ganz tief nach innen gehen und dir selbst eine Botschaft geben, daß du dich schätzt.

Und du kannst dir klarmachen, daß du damit die Kraft des Lebens achtest, das rein und makellos auch in dir wohnt und durch das du mit dem Universum verbunden bist.

Wir sind lebendig, und unsere Lebendigkeit läßt dieses Kunstwerk existieren, das wir den Körper nennen. Und die Kraft des Lebens schafft Leben, und der Atem ist das Symbol des Lebens. Am Anfang wird uns das Leben geschenkt, und dann sind wir unser eigener Hirte und verantwortlich für das, was weiter geschieht. Wir haben die wunderbare Möglichkeit, verantwortlich zu sein, d. h. wir können uns selbst leiten. Und weil wir all die Verantwortlichkeit für unser Leben in eigenen Händen halten, brauchen wir keine Angst vor Stillstand zu haben, der uns von außen auf-

KAPITEL 8: SPIRITUELLE VERBINDUNGEN

gezwungen wird – wir führen ja selbst Regie. Wir sind verantwortlich für unsere Entspannung, für unsere Gedanken, für unsere Gefühle und für unsere Handlungen. Alles liegt bei uns.

Kannst du dir auch in diesem Augenblick noch eine Botschaft geben, daß du dich selbst liebst und schätzt? Du bist dein eigener Hüter. Tag für Tag. Und du kannst lernen, immer mehr auf dich selbst zu hören, so daß du dich in dieser Welt passend bewegen kannst.

Du kannst dir darüber klar sein, daß deine menschliche Seite und deine göttliche Seite schön miteinander kooperieren können. Und vielleicht kannst du in diesem Augenblick darüber nachdenken, daß dein Wert als Person unabhängig ist von deinem Verhalten. Je mehr wir unseren Wert akzeptieren können, desto gelassener können wir unser alltägliches Verhalten betrachten und bei Bedarf ändern. Dann greifen wir unser Verhalten nicht an, wenn wir etwas ändern wollen, sondern unterstützen unser Selbstwertgefühl. Und das wiederum gibt uns Gelegenheit und Lust, unser Verhalten in gute Bahnen zu lenken und zu verändern.

Du kannst über diese Zusammenhänge in den nächsten Tagen weiter nachdenken. Vielleicht wirst du dann feststellen, daß das Leben für dich in einem anderen Licht erscheint und daß du gelassener und kreativer auf all jene Herausforderungen reagieren kannst, die dir begegnen.

Und nun komm mit deiner Aufmerksamkeit bitte hierher zurück, reck und streck dich ein wenig und öffne in deinem persönlichen Rhythmus die Augen. Sei wieder ganz hier, wach und erfrischt.

☆ ☆ ☆

Die Erde segnen   *60*

Ziele

Wir erleben immer wieder, daß Entspannung und das Empfinden von Sicherheit eng miteinander zusammenhängen. Sicher und geborgen können wir uns dann fühlen, wenn wir uns auch im Universum und auf diesem Planeten beheimatet fühlen.

In diesem kleinen Experiment können Sie Ihre Teilnehmer daran erinnern, daß sie mit der Erde verbunden sind. Und Sie geben Ihren Teilnehmern die Gelegenheit, eine liebevolle und dankbare Beziehung zur Erde herzustellen.

Dieses Experiment ist am schönsten, wenn Sie es draußen in der Natur erproben. Wenn möglich, sollten die Teilnehmer ihre Schuhe ausziehen und barfuß über Gras oder Erde laufen.

Anleitung

Kinder, die auf dem Lande aufwachsen, haben es im allgemeinen leichter, eine gute Beziehung zur Natur zu entwickeln. Sie haben Gelegenheit, die vielen Stimmen des Lebens zu hören und das eigene Lebensgefühl mit den Rhythmen der Natur zu verbinden. Sie entwickeln Vertrauen in die natürlichen Abläufe um sie herum und in Vitalität und Lebendigkeit des eigenen Körpers. Wir alle tun gut daran, von Zeit zu Zeit unsere Verbindung mit der Natur pflegen, indem wir uns klarmachen, daß wir ein Teil dieser wunderbaren Natur sind, daß wir ein Teil der Erde sind.

Darum möchte ich euch zu einem Experiment einladen, bei dem ihr eure innere Beziehung zur Erde auf angenehme Weise erleben könnt.

Bitte geht mit mir nach draußen. Wenn ihr Lust habt, könnt ihr dazu Schuhe und Strümpfe ausziehen. Beginnt jetzt, ganz langsam herumzugehen in einem Tempo, das sich für euch gut anfühlt.

Jedesmal, wenn du einen Fuß anhebst, kannst du einatmen, und wenn du wieder ausatmest, kannst du deinen Fuß erneut aufsetzen. Für jeden Schritt kannst du dir so viel Zeit lassen, wie du für einen kompletten Atemzyklus benötigst.

KAPITEL 8: SPIRITUELLE VERBINDUNGEN

Normalerweise wirst du etwas schneller gehen. Wenn du so langsam, wie ich es dir jetzt vorschlage, gehst, dann fühlt sich das zunächst vielleicht etwas merkwürdig an. Vielleicht fühlst du dich etwas unsicher dabei und zittrig. Aber wenn du das eine Weile übst, dann wirst du dich auch bei dieser Art des Gehens sicher und balanciert fühlen. (2–3 Min.)

Nun konzentriere dich bitte auf dein Ausatmen. Wenn du ausatmest, kannst du dir vorstellen, daß dein Atem nach unten durch den Körper hindurchfällt, tief hinab durch den Fuß, den du jetzt fest auf die Erde gesetzt hast, in die Erde hinein. Und mit deinem Atem sendest du etwas von deinen Empfindungen und von deinem Geist in die Erde hinein. Es macht nichts, wenn du am Anfang denkst, daß dies etwas Ungewohntes für dich ist. Stell dir einfach vor, daß dein Atem in die Erde hineinfällt. (1 Min.)

Die Erde, über die du jetzt gehst, ist nicht tot, sie ist auch mehr als ein physikalischer Gegenstand. Sie ist lebendig, sie spürt dich, und du kannst die Erde spüren. Während du so langsam über die Erde wanderst, kannst du deinen Atem zur Erde schicken und mit der Erde sprechen wie zu einem guten Freund. Und auch ein guter Freund würde uns zuhören und reagieren und mit uns kommunizieren. Darum ist es ganz natürlich, wenn du im Laufe der Zeit bemerkst, daß auch die Erde ihren Atem zu dir zurückschickt. (2–3 Min.)

Nun kannst du beim langsamen Wandern beginnen, mit der Erde zu sprechen. Wenn du willst, kannst du laut oder leise sprechen, oder wenn du das vorziehst, kannst du mit der Erde auch in deinem Inneren sprechen. Mit jedem Atemzug kannst du der Erde deinen Respekt und deine Liebe schicken. Vielleicht spürst du allmählich, wie dein eigenes Herz das Herz unseres Planeten berührt. Und du kannst zur Erde sagen, was immer dir in den Sinn kommt, z. B.:

Erde, ich bin dir dankbar.

Erde, ich liebe dich.

Erde, ich fühle mich geborgen bei dir.

Erde, ich wünsche dir Frieden.

Erde, ich möchte dazu beitragen, daß du nicht weiter verwüstet wirst.

Mutter Erde, vergib uns.

Und du kannst deine eigenen Worte benutzen, wenn du mit der Erde sprechen möchtest. (2–3 Min.)

KAPITEL 8: SPIRITUELLE VERBINDUNGEN

Nun wird es Zeit, daß du diese Wanderung über die Erde und deine Unterhaltung mit der Erde beendest. Du kannst deinen unbewußten Geist dazu einladen, ab und zu darüber nachzudenken, wie du deine innere Verbindung mit der Erde stärken kannst, damit du dich noch sicherer und lebendiger fühlen kannst. Und du darfst wissen, daß die Liebe, die du der Erde entgegenbringst, von der Erde reflektiert wird.

Bleib einen Moment stehen, schüttle Arme und Beine aus und komm dann mit zurück in unseren Gruppenraum.

☆ ☆ ☆

61 Tempel des Schweigens

Ziele

Wir werden alle von Geräuschen überflutet. Nicht allein von den Geräuschen unserer Umgebung, sondern auch von den Geräuschen, die unser eigener unruhiger Geist produziert, von all unseren Gedanken, Zielen, Wünschen, Konflikten, Sorgen und Hoffnungen. Unser Geist braucht jeden Tag genügend Schweigen, um sich in der Stille regenerieren zu können. Darum ist es wichtig, wenn wir uns selbst Perioden des Schweigens gönnen. Im Schweigen können wir Kontakt aufnehmen zu dem Fluß des Lebens selbst und zur Harmonie des Universums. Wir können uns dann einer Weisheit öffnen, die größer ist als unser Verstand.

In diesem Experiment können die Teilnehmer üben, in einen inneren Prozeß des Schweigens einzutreten. Sie können erfahren, wie Unruhe und Streß dann wie von selbst abfallen.

Anleitung

Jeder von uns genießt es, wenn wir uns mit Menschen unterhalten, die uns verstehen. Das ist anregend und verbindend. Genauso anregend kann es sein, wenn wir einmal versuchen, uns mit der Stille zu unterhalten. Und auch das kennt jeder von uns, wenn wir auf einer Wanderung durch einsame, unberührte Natur sind; wenn wir am Ufer des Meeres stehen und den Blick weit hinaus auf die unermeßliche Wasserfläche schweifen lassen; wenn wir früh am Morgen in einer alten Kathedrale sitzen und die Stille des Kirchenraumes auf uns wirken lassen. In solchen Augenblicken können wir beobachten, daß Unruhe und Anspannung wie von selbst vergehen. Wir können auch feststellen, daß die Zeit eine andere Qualität erhält. Manchmal meinen wir dann, daß die Zeit stillsteht. Befreit von aller Hast und Unruhe können wir genießen, wie unser Herz weit wird.

KAPITEL 8: SPIRITUELLE VERBINDUNGEN

Das Schweigen kann ein sehr guter Therapeut für uns sein, der immer für uns da ist und der unserem Organismus hilft, sich neu zu justieren und von innen her zu erfrischen. Wenn wir jeden Tag eine kleine Portion Schweigen genießen, dann können wir sehr viel für uns selbst tun.

Ich möchte euch zu einer sehr schönen Phantasie einladen, die ihr jederzeit selbst wiederholen könnt.

Nun setz dich bitte bequem hin und schließ die Augen. Gönn dir ein paar tiefe Atemzüge und gestatte deinem Körper, mit jedem Atemzug entspannter und lockerer zu werden. (1 Min.)

Stell dir vor, daß du irgendwo draußen in der Natur bist. Vor dir liegt ein grüner Hügel, und auf diesen Hügel führt ein schmaler Pfad, der zu dem Tempel des Schweigens führt. Du kannst diesem Tempel die Form geben, die deinem tiefsten Geist entspricht: edel, harmonisch und strahlend.

Laß es einen Morgen im Frühling sein und die Temperatur angenehm warm, laß die Sonne scheinen. Bemerke, wie du gekleidet bist. Und empfinde deinen Körper, während du den kleinen Pfad hinaufgehst. Spüre den Kontakt mit der Erde, während du Schritt für Schritt diesem Pfad folgst. Spüre eine leichte Brise auf deinem Gesicht. Schau dich um und bemerke Büsche und Bäume, das Gras und die blühenden Wildblumen auf beiden Seiten des Weges. Und allmählich bist du oben auf dem Hügel angekommen. Du hast das Empfinden, daß die Geräusche der Natur still und stiller geworden sind und daß der Tempel des Schweigens umgeben ist von altersloser Stille. Es könnte so sein, daß hier nie ein Wort gesprochen worden ist.

Und du stehst dicht vor dem großen, hölzernen Portal. Du legst deine Hand auf das Holz, und du spürst seine Maserung. Ehe du die Tür öffnest, weißt du mit einem Mal, daß du vollständig von Schweigen umgeben sein wirst.

Du betrittst den Tempel. Du spürst die Atmosphäre von Ruhe und Frieden, die dich umgeben. Du gehst weiter hinein in das Schweigen, und beim langsamen Gehen schaust du dich um. Du siehst einen riesigen, lichtdurchfluteten Dom. Die Helligkeit kommt nicht nur von den Sonnenstrahlen, die durch die Fensteröffnungen hereinfallen, sondern es scheint so zu sein, daß sie auch aus dir selbst heraus kommt. Die Helligkeit konzentriert sich unmittelbar vor dir, und sie gibt dir ein angenehmes Empfinden von Wärme und Klarheit.

Du gehst hinein in dieses leuchtende Schweigen, und du fühlst dich darin aufgehoben. Strahlen von wohltuendem, kräftigen Licht wickeln dich ein. Und du fühlst dich sicher genug, daß du es zulassen kannst, daß dieses leuchtende Schweigen dich durchdringt. Spüre, wie es durch deine Adern fließt und jede einzelne Zelle deines Körpers erreicht.

Und du kannst gleich ein paar Minuten in diesem leuchtenden Schweigen bleiben, gesammelt und wach. Während dieser Zeit, die dir sehr viel länger vorkommen kann, kannst du auf das Schweigen hören. Du kannst entdecken, daß Schweigen eine lebendige Qualität ist, nicht nur die Abwesenheit von Geräuschen. Und auf eine Weise, die dir gemäß ist, kannst du die Stimme des Schweigens vernehmen und ihre Botschaft für dich. (2–3 Min.).

Nun wird es Zeit, daß du deine leuchtende Umgebung verläßt; wende dich um und gehe zurück, durch den Tempel des Schweigens hindurch auf das große Portal zu. Öffne die Tür und laß draußen den Frühling auf dich wirken. Spüre wieder die sanfte Brise auf deinem Gesicht, und lausche dem Gesang der Vögel. Dann kannst du von dem Hügel Abschied nehmen und jenen schmalen Pfad wieder hinabwandern, den du schon gut kennst. Beim Zurückwandern darfst du wissen, daß du jederzeit zu dem Tempel des Schweigens zurückkehren kannst, wenn du die tiefe Ruhe und Inspiration dieses Platzes wieder genießen möchtest. Darüber hinaus kannst du dir vielleicht die Erlaubnis geben, daß du in deinem Leben genug Stille und Einsamkeit genießen kannst. Und du kannst offen sein für die Botschaften deines Herzens, wenn es dir solche besonderen stillen Pausen vorschlägt.

Nun kannst du mit deiner Aufmerksamkeit hierher zurückkommen, dich ein wenig recken und strecken und deine Augen wieder öffnen. Sei mit deinem Alltagsbewußtsein wieder bei uns, wach und erfrischt.

☆ ☆ ☆

Bücher bei iskopress

GRUPPENLEITER

Vopel: *Interaktionsspiele*, Teil 1 bis 6.
Akzeptierung und Angstabbau in der Anfangsphase / Wahrnehmen und Kommunizieren / Aktivierung bei Müdigkeit und Unlust / Entwicklung von Vertrauen und Offenheit / Beziehungsklärung und Feedback / Umgang mit Einfluß, Macht und Konkurrenz / Konsensus und Kooperation

Vopel: *Handbuch für Gruppenleiter/innen.*
Zur Theorie und Praxis der Interaktionsspiele

Vopel: *Höher als die Berge, tiefer als das Meer. Phantasiereisen für Neugierige*

Klippstein: *Die goldene Pause. Streßprävention für Lehrende*
(Audiokassette mit Begleitbuch)

Vopel: *Metaphorische Aktionen. Ungewöhnliche Wege zur Gruppenkohäsion*

Vopel: *Anfangsphase*, Teil 1 und 2.
(1) Namen / Kontakte / Werte (2) Selbstbild / Biographisches / Ziele

Vopel: *Anwärmspiele. Experimente für Lern- und Arbeitsgruppen*

Vopel: *Störungen, Blockaden, Krisen.*
Experimente für Lern- und Arbeitsgruppen

Vopel: *Materialien für Gruppenleiter*, Teil 1 bis 8.
(1) *Diagnose der Gruppensituation* (2) *Gestaltung der Schlußphase*
(3) *Kommunikationsregeln in Gruppen*
(4) *Umgang mit Konflikten* (5) *Teamentwicklung*
(6) *Briefe als Lernstrategie* (7) *Ziele* (8) *Lernen*

GRUPPENTHERAPIE

Vopel/Vopel: *Selbstakzeptierung und Selbstverantwortung,*
Teil 1 bis 3. (1) Konzentration / Entspannung / Wahrnehmung / Gesundheit / Ernährung / Kleidung / Sexualität / Zeiteinteilung / Lebensgeschichte / Konflikte / Identität (2) Stärke und Schwäche / Liebe und Ärger / Selbstachtung / Lebendigkeit / Neugier / Risikobereitschaft / Wünsche und Phantasien / Zukunft / soziale Entwicklung (3) Werte und Ziele / soziale Verantwortung / Selbständigkeit und Freiheit / Umgang mit Forderungen / Zurückweisung / Manipulation / Zuwendung / Anerkennung

Woisin: ***Integrität und Erinnerung.***
   Kreative Arbeit mit älteren Menschen, Teil 1 und 2
   (1) Entspannung / Massage / Erinnern und Verstehen / Schattenseiten des Alters und Verluste / Integrität und die Suche nach Sinn / Gesundheit und Heilung (2) Atmen / Bewegung / Vergnügen und Stimulation / Himmel auf Erden: Liebe / Freunde und Altersgenossen / Unsere Verbindung mit der Natur / Zeit und Zukunft / Tod und die Hieroglyphen des Sterbens

Shorr: ***Psychoimagination***

English: ***Transaktionsanalyse.*** *Gefühle und Ersatzgefühle in Beziehungen*

Leveton: ***Mut zum Psychodrama***

KINDER UND JUGENDLICHE

Vopel: ***Kinder ohne Stress.*** *Imaginative Spiele für Kinder zwischen 3 und 12,* Teil 1 bis 5 (1) ***Bewegung im Schneckentempo*** (2) ***Im Wunderland der Phantasie*** (3) ***Reise mit dem Atem*** (4) ***Zauberhände*** (5) ***Ausflüge im Lotussitz***

Vopel: ***Interaktionsspiele für Kinder***, Teil 1 bis 4 (1) Kontakt, Wahrnehmung, Identität (2) Gefühle, Familie und Freunde (3) Kommunikation, Körper, Vertrauen (4) Schule, Feedback, Einfluß, Kooperation

Wilhelm: ***Sanfte Pädagogik.*** *Heilsame Wege in Schule und Beratung*

Vopel: ***Denken wie ein Berg, fühlen wie ein Fluß.***
   Spiele und Experimente für eine respektvolle Einstellung zur Natur für 6- bis 12-jährige

Ehrlich/Vopel: ***Wege des Staunens.*** *Übungen für die rechte Hemisphäre*, Teil 1 bis 4 (1) Kreatives Schreiben (2) Malen und Formen (3) Phantasiereisen (4) Probleme lösen

Alex/Vopel: ***Lehre mich nicht, laß mich lernen.*** Interaktionsspiele für Kinder und Jugendliche Teil 1 bis 4.
   (1) Älter werden, Ängste und Befürchtungen, Anerkennung und Nähe, Autoritäten und Vorschriften, Fehler und Erfolge, Freude und Trauer, Freunde gewinnen (2) Gefühle, Geld, Gesundheit und Drogen, irrationale Annahmen, Jungen und Mädchen, Krisen, Lernen (3) Liebe und Sinnlichkeit, Mut, Natur, Selbstkonzept, Streß, Träume (4) Umwelt, Verhaltensprobleme, Wünsche und Werte, Wut und Ärger, Zeiteinteilung

Vopel: ***Schreibwerkstatt.*** *Eine Anleitung zum kreativen Schreiben für Lehrer, Schüler und Autoren*, Teil 1 und 2

Klippstein (Hg): ***Zwischenspiele.*** *Vorlesetexte für kreative Pausen* (ab 12)

Vopel: ***Dialog mit der Zukunft.*** *Imaginative Experimente für Jugendliche*

Nowak: ***13 Wege, einen Baum zu betrachten.*** *Lebendiges Lernen im Biologieunterricht*

Vopel: ***Interaktionsspiele für Jugendliche***, Teil 1 bis 4
(1) Werte / Ziele und Interessen / Schule und Lernen / Arbeit und Freizeit
(2) Körper / Identität / Fähigkeiten und Stärken (3) Ablösung aus der Kindheitsfamilie / Liebe und Freundschaft / Sexualität
(4) Lebensplanung / Probleme lösen / Kooperation

Vopel/Wilde: ***Glaube und Selbsterfahrung im Vaterunser.*** *Ein Kurs für lebendiges Lernen im kirchlichen Unterricht*

Vopel: ***Nicht vom Brot allein.*** *Affektive Strategien zur Werteklärung für Kinder und Jugendliche*

PSYCHOLOGISCHE WEGWEISER

Brett: ***Therapeutische Geschichten für Kinder***

Halpern: ***Festhalten oder Loslassen.*** *Wie Eltern zu ihren erwachsenen Kindern eine bessere Beziehung herstellen können*

Halpern: ***Abschied von den Eltern.*** *Eine Anleitung für Erwachsene, die Beziehung zu den Eltern zu normalisieren*

Halpern: ***Liebe und Abhängigkeit.*** *Wie wir übergroße Abhängigkeit in einer Beziehung beenden können*

Vopel/Vopel: ***Ich und Du.*** *Ein Kommunikationstraining für Partner*

Damm: ***Zu neuen Ufern.*** *Trennung und Scheidung bewältigen*
(Audiokassette mit Begleitbuch)

Klippstein: ***Ich habe mich.*** *Alleinsein können*
(Audiokassette mit Begleitbuch)

Klippstein: ***Traumarbeit in Trance.*** *Die Kunst, Angstträume zu verwandeln* (Audiokassette mit Begleitbuch)

May: ***Der sanfte Weg.*** *Ein Meditationshandbuch*

Kelemann: ***Lebe dein Sterben***

Koch: ***Schatten auf der Sonnenuhr.*** *Eine Vorbereitung auf das Sterben (*Audiokassette mit Begleitbuch)

Klippstein: ***Mein Körper ist klüger 1 + 2:*** *1. Jacobson-Training; 2. Vegetative Entspannung* (Je 5 Audiokassetten mit Begleitbuch)

Weitere Audiokassetten jeweils mit Begleitbuch:

Künkel: ***Ich bin in meinem Mond.*** *Menstruationsschmerzen lösen*

Damm: ***Von Kopf bis Fuß...*** *Körpervertrauen für Frauen*

von der Werth: ***Atemlust.*** *Richtig atmen löst Probleme*

Steppacher-Ray: ***Lieber leichter, fit und frisch!*** *Psychologische Appetitzügler*

Ruck: ***Mein Körper - mein Haus.*** *Operationsschmerzen lindern*

Klippstein: ***Stop!*** *Spannungs-Kopfschmerzen lösen*

Strässer-Strobel: ***Zaubermantel.*** *Neurodermitis lindern*

NEUE THERAPIE

Rosen (Hg.): ***Die Lehrgeschichten von Milton H. Erickson*** .

Erickson: ***Der richtige Therapeut.*** *Eine Auswahl aus den Lehrgeschichten von Milton H. Erickson* (Audiokassette)

Hoffmann: ***Grundlagen der Familientherapie.*** *Konzepte für die Entwicklung von Systemen*

Haley: ***Ordeal Therapie.*** *Ungewöhnliche Wege der Verhaltensänderung*

Madanes: ***Hinter dem Einwegspiegel.*** *Fortschritte in der strategischen Therapie*

O'Hanlon: ***Eckpfeiler.*** *Grundlegende Prinzipien der Psychotherapie und Hypnose Milton H. Ericksons*

Gordon/Meyers-Anderson: ***Phoenix.*** *Therapeutische Strategien von Milton H. Erickson*

Keeney: ***Ästhetik des Wandels***

iskopress, Klaus W. Vopel
Postfach 1263; 2125 Salzhausen
Tel.: 04172/7653; Fax: 04172/6